博報堂生活総研のキラーデータで語るリアル平成史

博報堂生活総合研究所・編

JN052842

星海社

207

SEIKAISHA SHINSHO

はじめに　データは「答え」か？「問い」か？

本書のタイトルにある〝博報堂生活総合研究所（※1）〟は、今年で設立40周年を迎えた生活者研究専門のシンクタンクで、〝キラーデータ〟とはその研究の土台として1992年から2年に一度実施している「生活定点（※2）」というオリジナル調査を指しています。

この「生活定点」は同じ時期・同じ地域・同じ属性の人に、生活のあらゆる意識と行動を約1400項目にわたって28年間、飽きもせず聞き続けているという世界でも類をみない大規模調査です。それゆえ、このデータベースは、「生活者発想」を企業哲学に掲げる博報堂ならではの武器として、広告の現場で活用してきました。

そんななか、我々は2012年にwebサイトを通して、この「生活定点」の全調査結果の一般公開を始めました。多額の費用を投じて蓄積してきたデータを、なぜ無償で提供しているのか……？　そんな質問を今でもいただくことがあります。そのきっかけは前年に起きた東日本大震災でした。日本が悲しみと不安で覆い尽くされるなか、当時は企業も個人も自分にできることは何かを考え、行動に移しました。博報堂生活総合研究所も同様です。そして、調査研究を生業《なりわい》にしている我々にできることは、得られたデータを社会資産として広く公開することではないかと考えました。それはなぜか？　実は調査結果をみていると、時に自分の感覚値や予想と大きく異なることがあります。もっとも、その時に感じる驚きや疑問は、自分とは違う価値観を持った存在に気づくことにもつながりますし、そのことこそ多様性を認め合える共生社会の実現に役立つのではと考えたのです。その後、公開して10年近くになりますが、お陰様で今でもたくさんの企業・団体や研究者の皆さんにご活用いただいています。

さて、2020年から感染が拡大した新型コロナウイルスは、私たちの日常を大きく変えてしまいました。そして今もなお、暮らしやビジネスは目まぐるしく変化しています。では実際のところ、何が変わり、何が変わらなかったのか？　さらに、それらがこの先どうなるのか……？　おそらく読者の皆さんもそんな疑問をお持ちだと思いますが、その時に大事なことが一つあります。それは、いま眼の前で起きている変化を、過去から続く大きな流れのなかで捉え直してみることです。たとえば、東日本大震災は日本人の価値観に大きな影響を与えたと言われます。しかし、震災前後の生活者の意識をよくみると、震災直後に大きく変化したものの、数年後に元の水準に戻ってしまったものも少なくありませんでした。それはコロナ禍でも同じことが言えるかもしれません。これからの社会や暮らしの行方を、いま起きていることだけに囚われず、平成からいまに続く大きな流れを振り返って考えてみよう……我々の狙いはそこにあります。

本書では「生活定点」の調査結果がたくさん登場します。一つ一つのデータは一見、何らかの「答え」を示しているようにもみえます。でも、考えてみればそれらはいわば〝人の心〟の積み上げです。○%という数字の背景には、生活者一人一人の喜怒哀楽や関心ごとがない交ぜになって潜んでいるわけですから、分析に〝正解〟なんてありません。データを読み解く人の数だけ解釈があるはずです。そう、つまりデータとは「答え」ではなく、向き合った人に投げかけられた「問い」なのだと思います。そんな認識のもと、本書は約30年間続く意識調査の結果を、多様な専門性を持った総勢19名にもおよぶ各界の賢者に、博報堂生活総合研究所とはまったく違う視点から解釈してもらうという、我々にとっても初めての刺激的な試みとなりました。示唆に富む論考を寄せていただいた、中川淳一郎さんをはじめとする執筆者の皆様に深く感謝いたします。そして、本書は星海社の片倉直弥さんのご尽力がなければ、成り立ちませんでした。この場を借りて厚く御礼を申し上げます。

２０２１年12月　博報堂生活総合研究所　所長　石寺修三

※１　博報堂生活総合研究所：https://seikatsusoken.jp/
「生活者発想」を企業哲学とする博報堂グループのフラッグシップ機関として１９８１年に設立。人を消費者だけにとどまらない多面的で主体的な存在「生活者」として捉え、独自の視点と手法で研究を続けているシンクタンク。主な活動は、生活者の変化を長期にわたって追う時系列調査や、生活者と暮らしの未来洞察のほか、近年はデジタル空間上のビッグデータをエスノグラフィの視点で分析する「デジノグラフィ」も推進中。その成果は書籍はもちろん、発表イベントやｗｅｂサイトなどを通じて広く社会に発信している。

※2　生活定点：https://seikatsusoken.jp/teiten/
　１９９２年から隔年で実施している博報堂生活総合研究所の基幹調査で、生活分野についての意識や行動、価値観などを幅広く聴取している。２０１２年からはｗｅｂサイトを通じて調査結果を一般公開中。登録不要・無償でＥｘｃｅｌ形式のデータファイルをダウンロードして利用することも可能。
調査地域：首都40㎞圏（東京都、埼玉県、千葉県、神奈川県、茨城県）
　阪神30㎞圏（大阪府、京都府、兵庫県、奈良県）
調査対象：20～69歳の男女
調査人数：2、５９７人（２０２０年・有効回収数）　※２０１５年国勢調査に基づく人口構成比（性年代５歳刻み）で割付
調査手法：訪問留置調査
調査時期：１９９２年から偶数年５月に実施（２０２０年のみ６～７月に実施）

目次

小川さやか

苦手な人びとと、親しくない人びとに贈り物をしよう

201

為末大

信じる理由を求める時代

「生活定点」の中から気になるデータを元に平成を語るということで、「宗教を信じるか」「自力自信（自分自身の力による自信）があるか」という二つを参考に、人間の「信じる気持ち」について考えてみたいと思います。

「信じる気持ち」に興味を持った理由は二つです。一つは私が広島生まれだということです。祖母から、戦争の前後で世の中で正しいとされることが簡単にひっくり返ってしまったという話を聞きました。明確な善悪自体が実はなく、何かを信じることで善悪が定義される。人はなぜ信じたり信じなかったりするのか、と考えるようになりました。

もう一つは、陸上競技での経験からです。良い結果が出る時は自信がありました。自信がある時は、勝つことを確信しているわけではなく、今進んでいる道は正しい方向で、あとはどれだけ頑張れるかどうかにかかっているという気持ちになっている時です。けれども一度疑いが生まれてしまうといくら信じようとしてもうまく信じられなくなる。どうすれば信じ続けられるのかを考えていました。

そういった理由から、何を信じるのか、何を拠《よ》り所として信じるのか、ということに関心を

信じるものについて

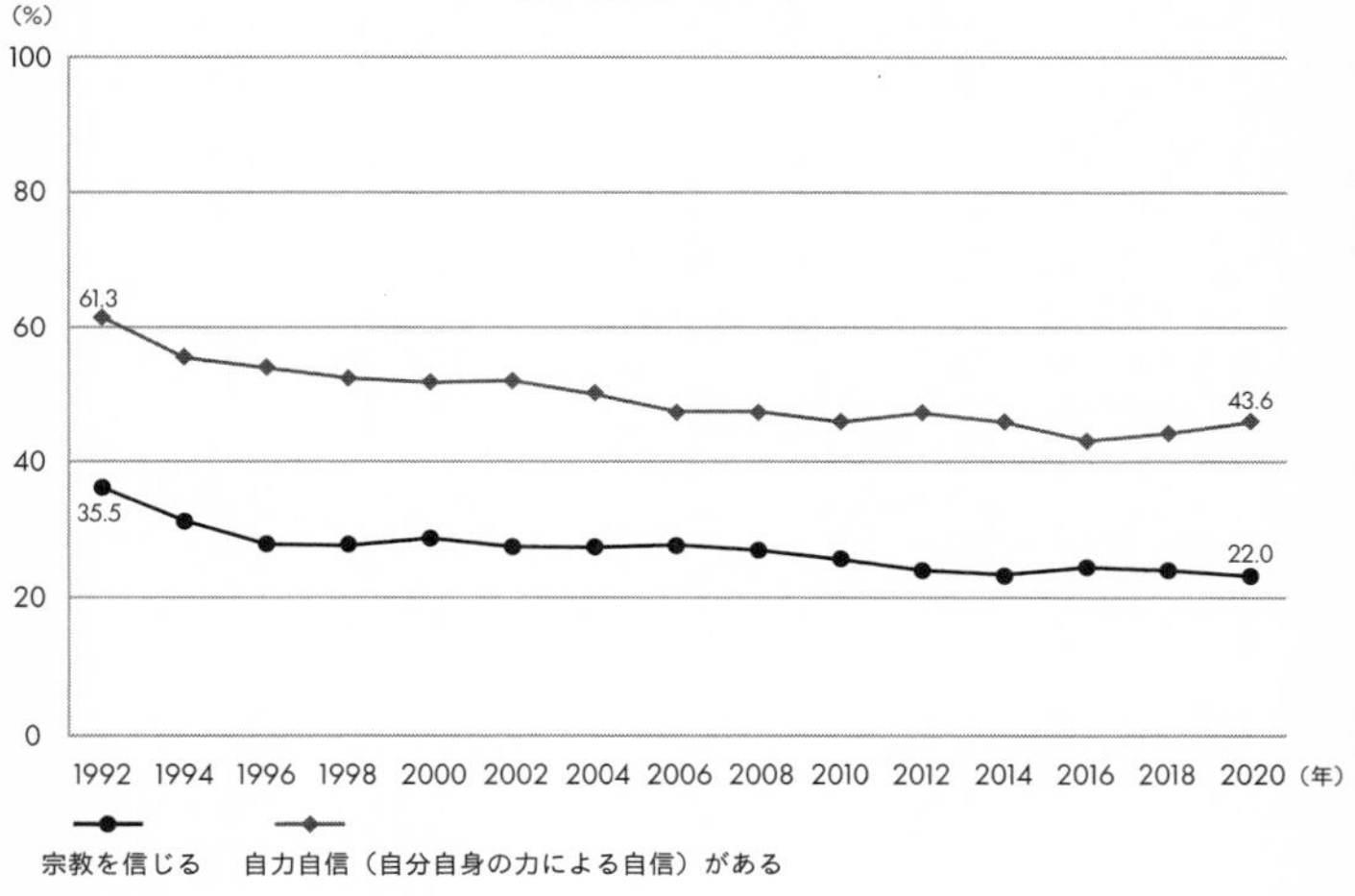

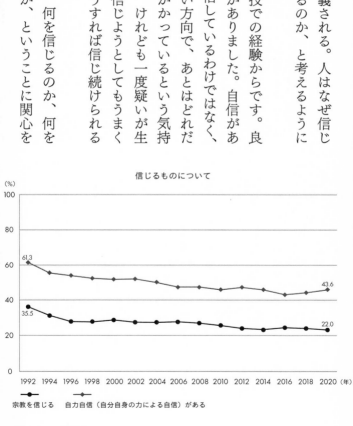

持つに至りました。

信じることとアスリートのパフォーマンス

そもそも、なぜアスリートにとって信じることが必要なのでしょうか。いくら正しい道を選んでも、信じて没頭している時と疑いながらトレーニングしている時では結果に大きな違いがあります。疑うぐらいなら、間違えた道でも信じている方がむしろマシなぐらいです。

一方で、この「自分を信じる」力は盲信にもつながります。何かを思い込んで自分を省みることができなくなり、全然違う方向に走って調子を崩してしまった選手もたくさん見てきました。

私が思うに、宗教が根付いている地域の選手は、一生懸命努力した後、最後どうなるかは神様に委ねるという発想を持っています。人間の努力には有限性があり、そこには試合結果は含まれていない。結果は神のみぞ知る。自分はただただ全力で走る、という清々しさを感じます。

日本にもさまざまな宗教がありますが、宗教的振る舞いは多くても信じている宗教を尋《たず》ねると「何も信仰していない」と答える人が多いと思います。実際に「生活定点」データを見ると、宗教を信じる人の割合は、1992年は35・5%、2020年は22・0%で、より詳しく見るとアスリートの多くを占める年代では20代13・7%、30代14・0%となっていました。高い数値とはいえません。結果を神に委ねられないとすれば、結果の責任は誰が負うことになるのでしょうか。自分です。

私が現役時代に一番プレッシャーだったのは、結果の責任を全て自分が負わなければいけないということでした。自分の人生がどこに行き着くのかは全て自分の手にかかっているとするならば、失敗は全て自分の責任です。過剰な重圧がかかればかかるほど試合での動きは縮こまり、パフォーマンスは低下傾向になります。自分は結果をコントロールできないという発想は、今できることに注目させ集中を生みます。信仰とパフォーマンスの関係はまだ解明されきっていませんが、とても興味深いと感じています。

今のアスリートが信じるもの

グラフに示したもう一つのデータ「自力自信（自分自身の力による自信）があるか」についても見てみたいと思います。「自力自信がある」人は、1992年の61・3％から、2020年は43・6％と、28年間で17・7ポイントのマイナスです。結果を出すために自分以外の存在を信じないのであれば自分を信じるしかないですが、その数値も下がっているようです。

どうして自分を信じる人が減ってきているのでしょうか。

一つは社会情勢があると思います。トマ・ピケティは『21世紀の資本』の中でr（資本収益率）＞g（経済成長率）というシンプルな図式で、富めるものはさらに富むことを証明しました。特に少子化が進む日本では、働く世代が労働の対価として得る富よりも、土地や株などの保有している資産が生み出す富の方が早いスピードでふくらんでいます。頑張れば豊かになれた時代に比べ、頑張っても豊かになりにくい今の世代は自分の力を信じにくくなっているのではないでしょうか。

もう一つはデータの蓄積《ちくせき》です。昔は、誰が将来オリンピアンになるかわからないところがあって、だからこそ子供たちはスポーツに夢を見ました。ところが最近ではデータが蓄積され、どのような先天性の特徴を持ち、どんな経験をしたらオリンピアンになれるか少しずつわかってきました。例えば卓球は動体視力が影響するために、早い年齢で慣れる必要があります。実際にオリンピック選手の競技開始年齢は6歳を切るのが当たり前になっています。裏を返せば6歳までに始めていなければ確率がずいぶん下がるということです。また競技に適切な身長体重もわかるようになり、今強いけれども低身長の選手を育てるよりも、今はそうではなくても将来大きくなる選手をピックアップして鍛えた方が強くなる確率が高いというのがわかりつつあります。実際にそのような選手選定も始まっています。このように早い段階で将来が見えてしまうことへの無力感を感じて、自力自信が低下している可能性はあると思います。

考えてみれば昔は、将来がどうなるかわからないので努力してみる。最後のどうなるかわからないところは神様が決めているので、全部の責任は負わなくてもいい。そういう枠組みになっていたのだと思います。信仰心は人間には理解できない自然現象を理解するために生まれたところがあると思いますが、科学の進歩によってその余白がなくなれば神様の存在感も小さくなる。未来はどうなるかわからなかったところに、将来を予測できるデータが出始めている。結果が決まっているなら自分は何のために努力するのだろうかという虚しさが、信仰心と自信の低下に繋がっているのではないかと思います。

データと納得感

では、データだけで本当に未来は予測できるのでしょうか。スポーツの才能を発掘するなど特殊なものを除き今はまだ未来を予測することは到底難しいと思いますが、将来的には自分の将来の能力がある程度予測できる可能性は0ではないと思います。少なくともあなたにぴったりのものはこれですというようにリコメンドする仕組みはできていくのではないでしょうか。私はその時に大切になるのが「納得」ではないかと思います。知り合いのある大学の先生が、障がいを持つ方のサポートをされており、半身不随の方用の車椅子を作りました。その方の身体を考慮して、事前に肘掛けの位置を細かく設定したのですが、座った時に「高すぎました」とおっしゃるので下げてみる。すると今度は「低すぎます」と。上げ下げを何度か繰り返すうちに「そうそうこの位置ですよ」とおっしゃった高さが、最初の高さと同じだったのです。

「データ上これが最適です」と最初から言われるのと、自分でいろいろやってみて最適なものを選ぶのでは、たとえ同じ結果に収まるにしても「納得感」が違うと思います。陸上とその他のスポーツの両方をやっているお子さんのお母さんがいらっしゃって「この子に走る才能はありますか。あるならやらせようと思います」とおっしゃいました。何に才能があるかはもしかするとわかるかもしれませんが、何がその子らしい人生なのかは私には決められません。それはその子があれこれやって到達する「納得感」次第なのだと思います。

親御さんご自身はお子さんの才能を最大限生かしてあげたい思いが強いです。後悔したくない。安心したい。こちらで間違いありませんと言い切ってくれる何かを求めているところがあります。でも、実は一番得難《えがた》いのは「自分は他ならい自分の人生を生きている」という感覚ではないかと思います。客観的に幸せと言われてもその人が幸せかどうかはわかりません。だから客観的に最適なスポーツや人生を提供することと、その人が幸せになることは関係ないのです。とりあえず飛び込んでみて、自分自身でトライ&エラーを繰り返して、手応えを摑むプロセス。それが信じる力の源泉になり、自分らしい人生を生きる唯一の道なのだと思います。

先の2021年東京オリンピック陸上男子100mで金メダルを獲得したのは、イタリアのラモントマルチェル・ジェイコブス選手でした。本職は警察官で、まったくの無名選手。エリートアスリートとして育成されたわけではないし、下馬評も低い。私たち専門家の予想を全く覆して可能性が花開いたような彼の金メダルは、個人的に非常に嬉しい結果でした。

おわりに

情報化社会と言われて久しい今、私たちはたくさんの信じられるもの、信じられないものに囲まれて生きています。多くの選択肢があったとしても、自分の選択が正しいと思えるかどうか。自分で決めなければならないプレッシャーはついてまわります。選択肢が増えた今の時代は、結果的に不安を抱える人も増えているのではないかとも思います。

不安と表裏一体にある「信じる気持ち」。現役時代の私は、自分の身を投じて試行錯誤を重ねました。そうすることで自分にとっての納得感を得ることが自分を信じる大きな理由になりました。それは古い考えかもしれません。しかし、私には私の、海外アスリートには海外アスリートの、若手アスリートには若手アスリートそれぞれに信じるものがあります。自分（や自分以外）をどう信じるか、その信じ方もそれぞれです。

これからの日本社会は、きっと人生の早い段階でキャリアを変える人もたくさんいるはずです。私がそうであったように、環境や時に評価軸も変わってしまう不安がある中で、いかに強く自分の選択を信じられるか。信じる技術についてというと大袈裟かもしれませんが、このコラムが誰かの参考になれば嬉しいです。

為末大（ためすえ・だい）Deportare Partners 代表／元陸上選手

1978年広島県生まれ。スプリント種目の世界大会で日本人として初のメダル獲得者。男子400メートルハードルの日本記録保持者（2021年10月現在）。現在は執筆活動、会社経営を行う。Deportare Partners 代表。新豊洲 Brilliaランニングスタジアム館長。YouTube 為末大学（Tamesue Academy）を運営。国連ユニタール親善大使。主な著作に『Winning Alone』『走る哲学』『諦める力』など。

大木亜希子

あのマウンティング男に今、愛と感謝のキスを

「ライターなんて仕事、どうしてやろうと思ったの？　あんま儲《もう》からないだろ？」

ひとりの男が、私に向けて言い放った。

平成27年、ＳＤＮ48というアイドルグループの卒業後、数年間の地下アイドル活動を経て転職が決まり、初めて出社する前夜のことである。

頭数を揃えるためタレント仲間に呼ばれ、渋々行った合コンの席で事件は起こった。

「明日から私、アイドル辞めて会社員ライターになるんです」

私の自己紹介を聞くやいなや、その男はニタニタと微笑んで前述の台詞を吐いた。

実に見下した表情で。

首筋に戦慄《せんりつ》が走り、〝一発退場の笛の音〟が脳内に鳴り響く。

またたく間に、会に参加していた他の面々も静まり返った。

同時に、私の耳の奥からゴングの音が鳴る。

このマウンティング男に決して屈してはならぬという、戦いの始まりを示す合図だった。

「はぁ。どうしてライターになろうと思ったか、ですか？　文章を書くことが三度の飯より好きだからですね。世の中お金が全てじゃないですし、私は安定よりも、やりがいを重視します」

ダメージを食らいながらも、私は必死でジャブを打ち返す。

ところが、男はひるまなかった。

「でもさぁ、やっぱお金も大事だよ。あ~あ、人生やっちゃったね」

「やっちゃったね」

その言葉には、「君は人生の選択を間違えたね」という要素がふんだんに盛り込まれていた。

さらに男は続ける。

「まぁ、でも、もしも食えなくなったら俺が養ってやるよ」

開いた口が塞《ふさ》がらなかった。

後から聞いた情報によると、その男は都内で複数の飲食店を展開する経営者で、酒を飲んで酔うと必ずターゲットの女性を決めてマウントを取ってくるタイプの人物らしい。

マウンティングの後で「俺が養ってやろうか？」とオマケに口説いてくるのだから、余計にたちが悪い。

会の終了後、誘ってくれた友人からは平謝りされたが、私の気持ちは一向に鎮《しず》まらなかった。

それどころか、その夜は怒りで眠れず、まんじりともしないで一夜を明かす。

そして、その翌日から私は、会社員ライターとして人生の再スタートを切った。

ここで、「生活定点」調査の1つのデータを見てみたい。

「仕事をするなら、やりがいよりも安定性で会社を選びたい」と感じる人の割合についてである。

調査の結果、安定を選ぶ人は全体で約3割となった。

それほど高い数値ではない。

しかし、2012年を境に、若者の安定志向が年上世代の安定志向を上回っている。

「お金に関係なく、三度の飯より書くことが好き。世の中はお金が全てじゃない」

そう啖呵《たんか》を切ったあの日の私はまだ25歳で、「自分がやりがいを感じられること」を真剣に探し出し、ようやく会社員ライターという職をセカンドキャリアに選んだ。

しかし、あの男は「人生やっちゃったね」とほざいた。

もしかすると、近頃の若者に対しても、あの男のように夢を搾取してくる大人が周囲にいるのではないか。

ふと、そんな仮説が脳裏をよぎる。

一方で、悔しいことに男の言葉も妙に尾を引く。

果たしてライターという商売は、本当に儲からないのか？

そして私は人生の選択を「やっちまった」のか？

その後ライターとして7年働き続けている経験から、結論を申し上げたい。

ライターは、普通に食っていける。

会社員ライターの場合は社会保障も手厚い（ことが多い）。

「儲かる・儲からない」の判断基準は人によるが、少なくとも真面目にやっていればなんとか暮らしていける。

さらに言わせてもらえば、フリーランスライターになった現在も、自分ひとりの生活ならば豊かに暮らしていけるだけの額は稼いでいる。

ただし、これはあの日「ライターになりたい」という夢を掲《かか》げ、実際にそこから会社員ライターとして3年働き、一度は頑張りすぎて精神的不調をきたし、勤めていた会社を退職し、貯金残高が3万円を切り、一旦バイト生活で暮らしを再建し、フリーランスライターとしてあらゆる媒体に営業をかけてから得た結果でもある。

なので、食っていけるようになったのは実は最近だ。

正直に言えば私も、それなりの安定性を手に入れるまで少し時間がかかってしまった。

しかし、世の中、やりがいと安定性を一度に満たせるケースばかりではないだろう。

だからこそ、食えるようになるまで時間がかかって良かったと思う。


現在の私は、フリーランスライターという肩書で様々な企業と取引をしている。

自由な働き方は気楽で楽しいが、「自分らしい働き方とは何か」と迷いを感じる瞬間もある。

同世代の友人を見れば「会社員として決まった時間に出社し、決まった生活を送る」ことが性に合う人も多い。

その一方で、「フリーランスで働くほうが、好きな人と好きな時間に好きなことができて体質に合う」という人もいる。

私は声を大にして尋ねたい。

皆、どのように人生の戦略を立てて生きているのだろうか？

私には、自分以外の人が涼しい顔をして「イージーモード」で生きているようにしか見えない時がある。

隣の芝生が、とてつもなく青い。

自分の就きたい仕事に就き、愛する伴侶《はんりょ》を見つけ、さらに経済的にも精神的にも満ち足りた生活を送ることなど果たして可能なのだろうか？

私にとってはどれも非常にハードルが高いことなのだが、皆どのように人生設計を考えているのだろうか。

そこで、ここからさらにいくつかのデータを見てみたい。

まず「今、自分の望む仕事についているか」という調査の結果である。

「YES」と答えた割合は、実に全体の39・5％。

このデータについて、個人的な見解を述べるが、「アレ……？　実は皆、あまり就きたい仕事に就いていないではないか」と驚いてしまった。

次に、プライベートに関する実態調査を見てみたい。

「恋愛と結婚は別なものだと思うか」という、調査に関する結果が以下である。

この問いに「そう思う」と回答した人の割合は47・9％。

全体で見るとほぼ横ばいの推移だが、男女別では女性のほうがわずかに増加率が高く、20年で50・3％と過半数を越えている。

最後に、生活をする上で切っても切り離せない「お金」に関する調査の結果も見ておこう。

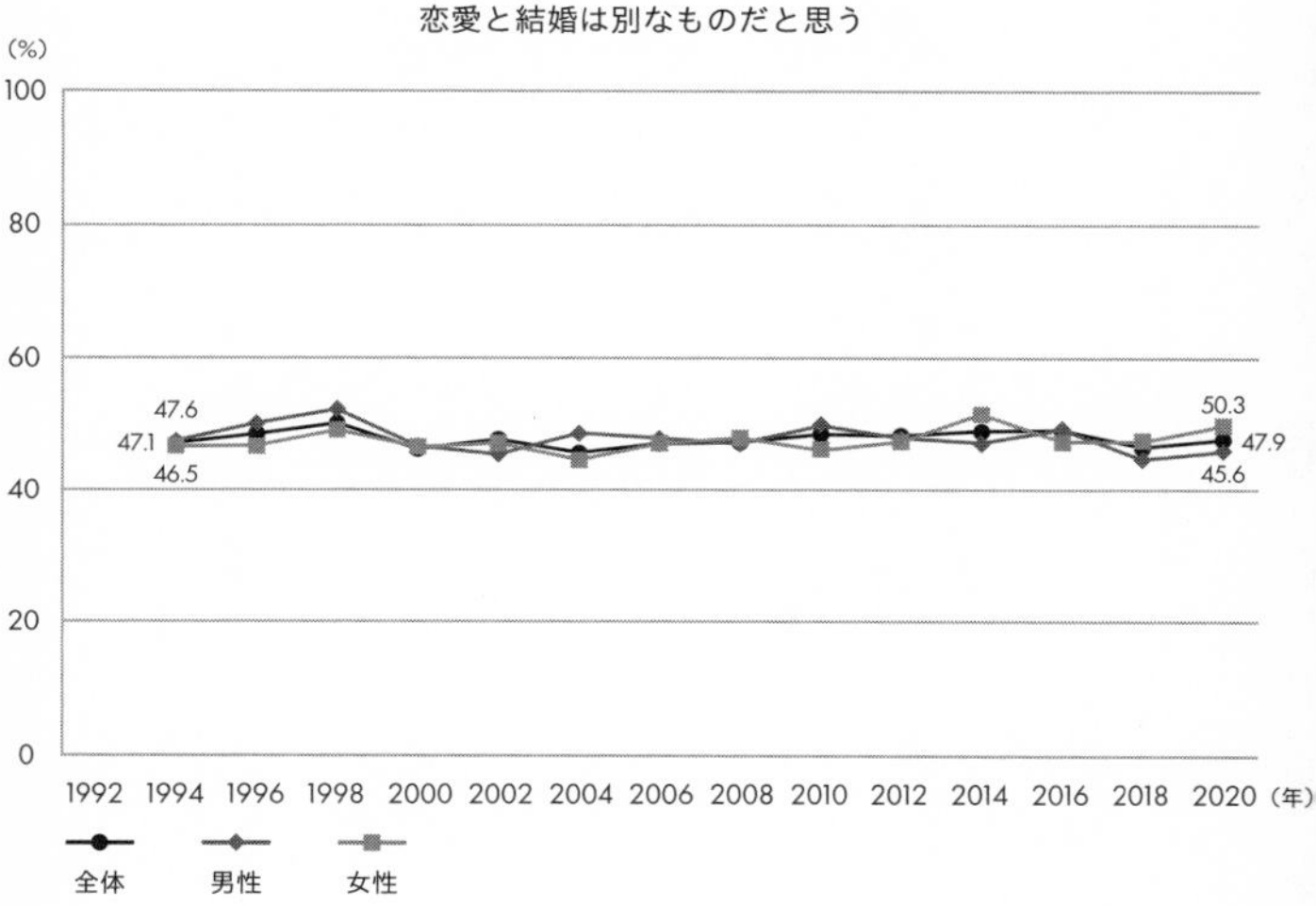

以下は「お金は命の次に大事なものだと思うか？」という調査に関する結果だ。

実に全体で31・1％の人が「大事」と答えている。

この結果は2012年以降増加し、2020年は過去最高値である。

男女別に見ると、女性のほうが男性に比べ3ポイントほど高い。

この結果からすれば、お金は結婚生活において最重要とまではいかないものの女性のほうがお金は大事だと考えており、「恋愛と結婚も別モノ」と現実的に考えている傾向を感じる。

そして、とくに女性は恋に仕事に人生に迷い、

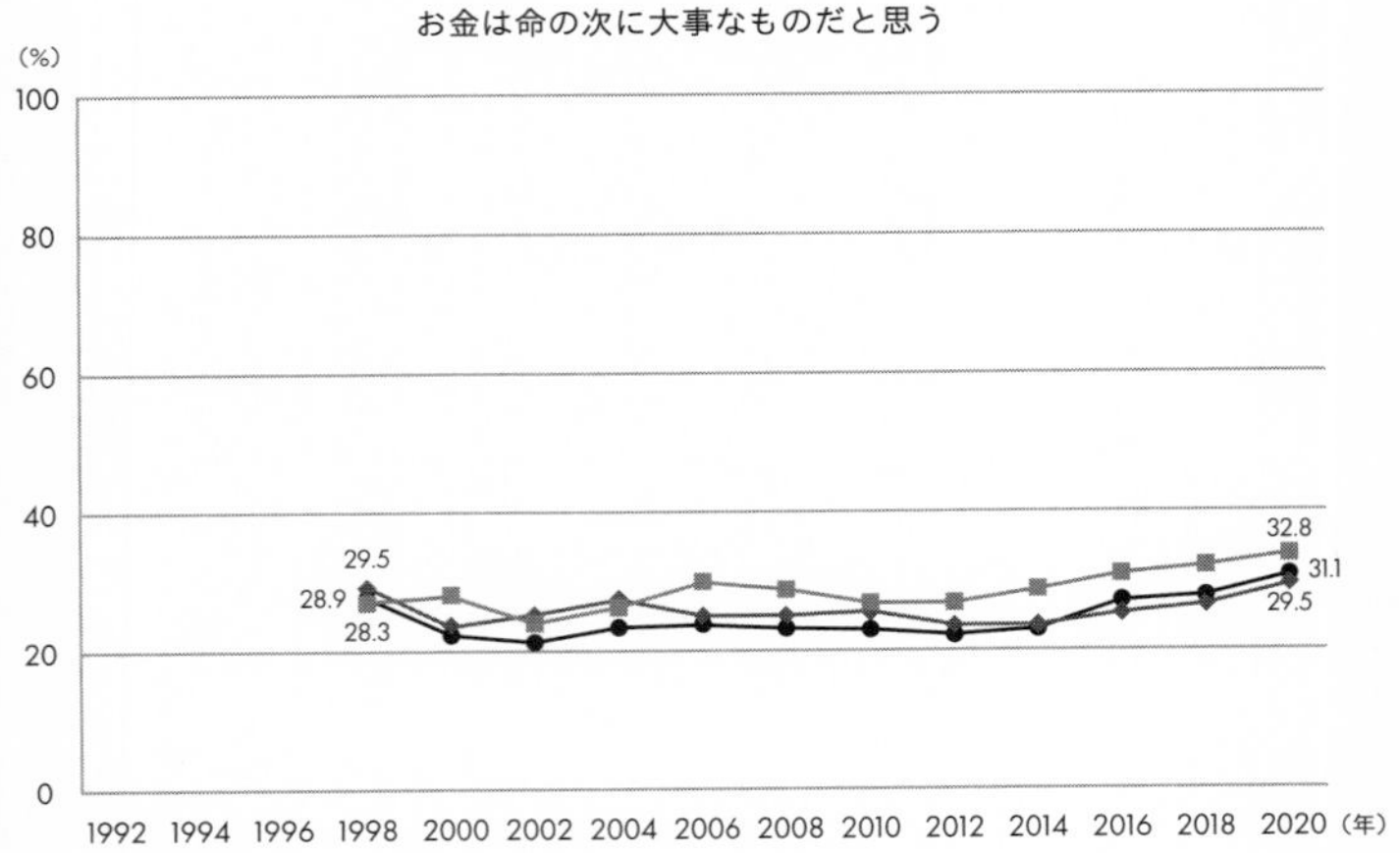

彷徨《さまよ》いながらも必死で生きている傾向が見えてきた。

私は、この結果を知るまで、自分以外の誰もが用意周到に戦略を立て「老後まで人生安泰」というような心持ちでいると思っていた。

しかし案外、多くの人（とくに女性）は、不安を抱えたまま、その不安を放置して生きているのかもしれないという予感が芽生えた。

その予感は、私にとって救いでもあった。


「ライターなんて仕事、どうしてやろうと思ったの？　あんま儲からないだろ？」


という屈辱的な言葉を浴びてから、私の人生は大きく変化を遂げた。

さまざまな苦労があったが、一定の経験値を積んだ今では、あのマウンティング男に感謝している。

たとえ「儲からない」というレッテルを貼られたとしても、儲かるまで頑張り続けたいと思うほど夢中になれる仕事がライター業だったと時を経てわかったからだ。

私たち大人は、学校を卒業した途端に「はい、働きなさ〜い」、「はい、恋愛しなさ〜い」と世の中に放り出されてしまう資本主義社会を生きている。

学校で教わることは〝基礎練〟だけで、何も応用力を持たないまま世間に飛び出すのだから紆余曲折《うよきょくせつ》があって当然だ。

選んだ道が、会社員でもフリーランスでも、それ以外の道でも、誰しもいつかは「それなりに形になる」とこれからも信じ生き抜くしかない。

そして失敗を繰り返しても必死に生きていれば、「自分らしいキャリア」に繋がると私は信じている。

大木亜希子（おおき・あきこ）
2005年、ドラマ『野ブタ。をプロデュース』で女優デビュー。数々のドラマ・映画に出演後、2010年、秋元康氏プロデュースSDN48として活動開始。その後、タレント活動と並行しライター業を開始。取材記事をメインに活動し、2015年、WEBメディアに記者・編集者として入社。PR記事作成（企画〜編集）を担当する。2018年、フリーライターとして独立。著書に『アイドル、やめました。AKB48のセカンドキャリア』（宝島社）。『人生に詰んだ元アイドルは、赤の他人のおっさんと住む選択をした』（祥伝社）。原作担当の『つんドル！〜人生詰んだ元アイドルの事情〜』がコミックシーモアで好評連載中。

田村淳

いつも常識をアップデートしていきたい

クジャクのメスがオスを選ぶ条件は、羽を大きく広げられるかどうか。長年、モテるトレンドとしてそう考えられてきました。しかし、選ばれる条件は羽の模様ではなく鳴き声だった、という研究結果があるそうです。今までは当たり前だったことが、突然ガラッと変わってしまう。

同じような現象が、いろいろなところで起きていると思います。

たとえば、僕たちの業界。

僕のYouTubeチャンネルを制作してくれているスタッフは、テレビ業界のディィレクター志望で、編集もしっかりできる大学4年生なのですが、ある日、その彼が「このままテレビ業界に入ったらADから始めないといけないんですよね?」と聞いてきました。

僕は「ディレクターとして雇ってくれるところに行けばいいじゃない」と答え、知り合いの制作会社に、「ADではなくて最初からディレクターでできるところはないですか?」と紹介したところ、いま彼は3つくらい自分で番組を担当しています。

実は、紹介した僕自身そんなことができると思っていなかったのですが、本当に実現してしまった。即戦力であれば年齢や経験は問わない。テレビ業界も、「今までの当たり前」から変わろうとしているのかもしれません。

伝統×テクノロジーの可能性

テレビ業界だけでなく、様々な業界でトレンドが変わろうとしていることを考えたとき、僕は日本の「伝統」がどうなるのか気になります。というか、心配になる。

「生活定点」調査の、「日本の国や国民について、あなたが誇りに思うことはどんなことですか？」という問いに対して、「長い歴史と伝統」と答えた人は、1998年以降ゆるやかに減少しています。また、僕と同世代の40代でもわかりやすく減っていたり、20～40代と50～60代の意識に差があることもわかります。

たとえば、歌舞伎《かぶき》や能といった伝統芸能や大《おお》相撲《ずもう》を観に行く人は、多くが年配の方で、今はその方々が人気を支えているのでしょう。一方、40代以下の若い人たちはそもそもこういったものに触れる機会が少なくなっており、関心が薄

長い歴史と伝統は日本の誇りだと思う

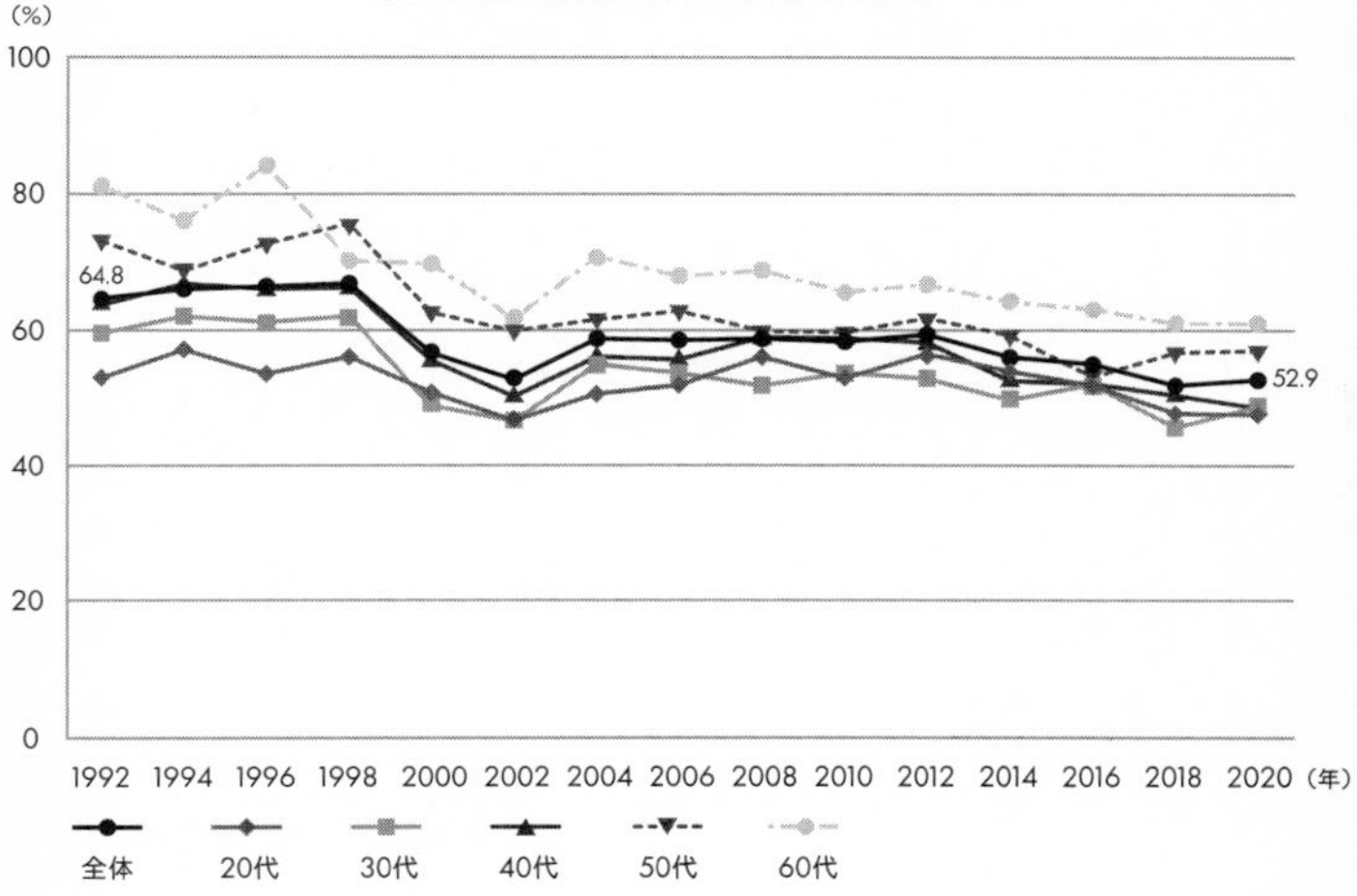

れている。その結果、「長い歴史や伝統は日本の誇りだ」と答える人が減っているのかもしれません。

そう考えたとき、伝統に触れる機会が減り、関心が薄れているのは、僕たちの情報の取り方が変わってきたことも一つの原因ではないかと思います。

僕自身、新聞を読んでいた頃は、大相撲開催中、必ず星取表《ほしとりひょう》が掲載されていたため、大相撲の情報を目にすることが多かったのですが、新聞を読む機会が減ると大相撲情報に触れなくなってしまいました。

おそらく相撲や伝統芸能は、長い間守られてきたしきたりや作法があり、新しい取り組みや挑戦をしづらいジャンルだと思うのですが、若い人たちにも関心を持ってもらうために、伝え方や届け方、見せ方を工夫することで、もっとやりようがあるのではないかと思います。

たとえば、力士のしこ名を画面上に表示し続け、観ている人がわかりやすい画面構成にしたり、伝統芸能の舞台装置や照明とお客さんのスマホを連動させることで、お客さんも何らかの形で演目に参加できるようなテクノロジーを取り入れる。そういった演出をすることで、関心を持ってもらうこともできると思うのですが、きっと「それは伝統じゃない」という人たちもいるでしょう。そのせめぎあいはとても面白いことで、僕はわくわくできる時代にいるのではないかと思います。

何でもテクノロジーを入れればいいという話ではない

伝統芸能ではないですが、「ボッチャ」というスポーツがあります。イタリア語で「ボール」という意味の言葉で、重度脳性まひ者もしくは同程度の四肢重度機能障がい者のために考案されたヨーロッパ発祥のスポーツです。

ワントゥーテンという会社が「ボッチャ」のルールはそのままに、「サイバーボッチャ」を新たに作りました。デジタル要素や音楽を取り入れて、エンターテイメント性を高めた演出が、とてもかっこいいのです。

実際にやってみると、センシング技術でボールの位置を自動計測してリアルタイムで状況が判断でき、障がい者の方と健常者が対等に戦えるスポーツで、とても面白かった。このように、新たなテクノロジーを取り入れたことで、障がいも年齢も性別も関係なく、誰でも楽しめるスポーツへと変化を遂げたのです。それってとても素晴らしいことですよね。

であれば、もし僕が今から新しく歌舞伎を立ち上げたらどうなるだろう？ 本来の伝統とは異なる自分流でも、大勢の海外からの観光客が〝あつし歌舞伎〟を観たら、外国の方々にとってはそれが「歌舞伎」になってしまうかもしれません。見せ方や伝え方次第では、それが可能になる面白い時代だと思っています。

ただし、何でもテクノロジーを入れればいいという話でもありません。

たとえば、僕はお城が好きなのですが、名古屋城の本丸御殿は、宮大工が釘を使わずにすべて木だけで作っており、100年後、200年後にさらにすごい価値を生むと思っています。

お城の見せ方の手段としてプロジェクションマッピングを使ったり、解説に音声ARや動画などのデジタルテクノロジーを取り入れたりするのは良いことだろうけど、日本の伝統技術がつまったお城の建築法に最新技術を持ち込んでしまうと、宮大工の技術の素晴らしさが伝わらず、逆効果になってしまう。つまり、テクノロジーの使いどころを見極めながら取り入れていくことによって、伝統の価値を守りつつ、関心を持つ人を増やすことが必要ではないでしょうか。

「長い歴史と伝統は日本の誇りだと思う」と答えた人がゆるやかに減っている、という先のデータは見方を変えると面白くて、減っているからこそ変化の伸びしろがあり、やりようがある。そんな可能性を感じさせてくれるデータだと思います。

「伝統を守る」ことと「変わらない」ことは似て非なるもの

ここまでは、伝統について情報を受け取る側の視点で書きましたが、もちろん、伝統にたずさわっている現場の人たちの気持ちも大事だと思います。山形県で仏《ぶつ》壇《だん》を作っている彫師の方とお話しした際、「買う人が減っている」と教えてくれました。とても高価なものだから減っているのも納得できますが、買う人がいなくなると、彫師の素晴らしい伝統技術までも途絶えてしまいます。

「仏壇以外にも違う形で技術を転用すればいいんじゃないですか？」そう伝えたものの、「俺たちは仏壇を作ってなんぼだから」と。職人さんたちの意識改革が起こらない限り、伝統も技術も継承できないし、されないでしょう。それはとてももったいないことです。伝統を守ることと、変わらないことは同じではない、そう感じています。

しかし、伝統は大きな転換を嫌がる。僕自身、歴史と違って伝統という言葉にどこか敷居の高さを感じてしまうときがあります。歴史は人それぞれ、様々な解釈をして気軽に楽しめる自由さがありますが、伝統はしきたりや作法が難しそうで、よそ者が入り込めないイメージがあるからではないでしょうか。

このような伝統を継承していくと考えたとき、多少の外圧も必要になってくるかもしれません。たとえば、海外の人の手を借りるというケースも増えてくるような気がします。この分野もインバウンド頼みというのは悲しいですが、伝統を継承していくということを、もっと真剣に考えなければいけない局面にいることは間違いないと思います。

それでも変わらないことに固執し続けるなら、先のクジャク理論で言うところの「お前はいつまで羽を広げてるんだ?」状態。変わりたくない人同士で、「羽は羽でいいもんだよね」なんて従来の常識に縛られたままだと、変化のスピード感は遅くなってしまいます。

テレビ業界にしても、最新のカメラの技術進化は凄まじく、極論するとスマホのカメラでも事足りるので、それを使えば業界の常識だった撮影方法も必要なくなり、今ほど大勢のスタッフを必要としなくなるかもしれません。しかし、そんなことはなかなかできない。義理人情が働くと、さらに変化のスピード感は遅くなってしまいます。

テレビ業界に限らず様々な業界や局面で、今までの常識は未来では通用しなくなり、新たな常識を持って生きていかなければいけない時代になっていると思います。

もちろん、常識は人それぞれだし、大切にしていることも人それぞれ。だから、大事なのは立場の違いや考え方の違いを乗り越えて、議論を尽くすこと。変えるべきものは何か、変えるべきでないものは何か。そういった議論を投げかけ、議論の場を作ることを、僕自身インフルエンサーとして今後もやり続けていこうと思っています。

ロンドンブーツ1号2号　田村淳（たむら・あつし）

1973年12月4日生まれ、山口県出身。バラエティー番組や経済・情報番組などでレギュラー多数。海外での起業、慶應義塾大学大学院メディアデザイン研究科への進学など、タレントの枠を超えて活躍の場を広げている。また、Twitter、Instagram、YouTubeチャンネル「ロンブーチャンネル」、オンライン／オフラインコミュニティー「田村淳の大人の小学校」の他、遺書動画サービス「ITAKOTO」の発案など、デジタルでの活動も積極的に行う。

斎藤哲也

リベラル・アーツよ、どこへ行く?

リベラル・アーツ隆盛の不思議

近年、大学でもビジネス界でもリベラル・アーツの重要性が唱えられることが多くなった。リベラル・アーツとは、古代ギリシアやローマの教育に由来する教養教育のことだ。だが、平成が始まった頃、この言葉はまだ市民権を得ていなかった。実際、新聞一〇〇紙でキーワード検索をしてみても、九〇年代、ゼロ年代にはほとんどヒットしない。ヒットしても一桁である。

ところが二〇一二年から急にヒット件数が跳ね上がり、平成が終わる二〇一九年には二〇〇件近くの記事がヒットした。そしていまや、ビジネス界でもリベラル・アーツの重要性を説く本がベストセラーとなり、社会人向けのリベラル・アーツ研修が人気を博している。

これは、不思議なことだ。というのも、平成初期は、「教養」が瓦解《がかい》していく時期だったからである。

それを象徴するのが、平成三（一九九一）年におこなわれた大学設置基準の大綱《たいこう》化だ。大学設置基準の大綱化とは、簡単に言えば、大学設置基準の規制緩和のことだ。その一つに、教育科目の規制緩和があった。すなわち、大学側はそれまでの「教養課程／専門課程」という枠組みに縛られることなく、科目開設をすることができるようになったのだ。

その結果起きたのが、大学教養部の縮小・解体である。規制緩和それ自体は、教養教育の縮小を企図したものではなかったが、科目開設のフリーハンドを得た大学は、こぞって専門重視の科目構成にシフトした。その背景には、大学側も教養教育を持て余していたことがあるだろう。

多くの大学生にとって、教養課程に属する一般教育科目は「パンキョー」と呼ばれ、単位のために仕方なく受講するような科目になりさがっていた。むろん、リベラル・アーツなど、日常的に耳にする言葉ではなかったことは言うまでもない。

「パンキョー」の起源

戦後、日本の教育で教養をリベラル・アーツと呼ばなかったのは、故なきことではない。要点だけをかいつまんで説明しよう。

戦前の教養といえば、ドイツ語の「ビルドゥング」に由来するドイツ的な教養を意味した。そのポイントは人格の陶冶《とうや》であり、旧制高校に進んだエリートたちは、教養書を多読することで人格の向上に励んでいた。

だが、戦後日本の大学がモデルとしたのはアメリカであり、アメリカから「一般教育（general education）」という言葉を輸入した。

アメリカでは、一般教育とリベラル・アーツは必ずしも対立する言葉ではないが、それが日本に輸入されると、「リベラル・アーツ＝エリート教育」と、民主主義とは相容れないものとして捉えられた。つまり、戦後日本の大学は、その出点で「リベラル・アーツ」という言葉を退けているのである。

結果、大学での教養教育は、一般教育という言葉と結びつくことになった。では、一般教育とは何なのか。

輸入元であるアメリカでの議論を見ると、一般教育には民主的な教養教育という含意があったが、日本では、一般教育の理念や目的についての議論はあまり深まることはなく、二年間の教養課程で人文・社会・自然という三分類をまんべんなく教えるという形式だけが模倣されることになった。

教える側に深い考えがないのだから、科目選択をする大学生にとって面白いはずがない。その末路が、平成前期に進行した教養部の縮小・解体であろう。

平成リベラル・アーツ復興の立役者

いま見たように、日本では戦後直後、リベラル・アーツをエリート主義的な概念として受けとめ、内実が伴わないまま「一般教育」という概念を選択した。

ところが、平成後期になって、日本の教養は突如「リベラル・アーツ」という言葉に変換されるようになっていく。

私見では、その立役者は、池上彰《いけがみあきら》氏ではないかと見ている。平成二三（二〇一一）年に、東京工業大学はリベラルアーツセンターを創設し、その翌二四年、池上氏は同センターの専任教授に就任した。そして先述したように、この年から「リベラル・アーツ」という言葉が新聞のなかで急増していくのである。

出版方面でも、二〇一四年には東京工業大学リベラルアーツセンターの面々との共著『池上彰の教養のススメ』と単著『おとなの教養』を刊行し、後者は三〇万部を超えるベストセラーとなった。そして、どちらの本でも「リベラル・アーツ」の重要性が力説されている。

東京工業大学以外でも、「リベラル・アーツ」や「教養」を冠した学部や学科が続々と誕生し、リベラル・アーツ教育を盛んに喧伝するようになった。

では、リベラル・アーツ教育へと衣替えした教養教育は、以前と何が違うのか。

リベラル・アーツに込める意味は組織や論者によってまちまちだが、いくつかの共通点は見いだすことができる。

まず、リベラル・アーツの源流にさかのぼって、「人を自由にする技芸」であることを強調している点が挙げられる。

リベラル・アーツの源流は、古代ギリシア・ローマの（奴隷ならざる）自由市民に必要な学びにあると言われている。その延長上で、中世の大学では、文法学、修辞学、弁論術（論理学）、幾何学、算術、天文学、音楽という「自由七科」がリベラル・アーツの典型的な科目構成となった。

このことを踏まえて、リベラル・アーツ論者は「自由」を強く打ちだすのだ。

それに加えて、リーダー養成、グローバル対応、宗教・哲学・歴史といった人文学重視というあたりが、昨今のリベラル・アーツ論定番のご託宣《たくせん》である。

エリート主義への懸念

平成後期を通じて、リベラル・アーツは完全に市民権を得た言葉になった。だが、百花繚乱《ひゃっかりょうらん》の様相を呈している日本のリベラル・アーツ論には、一抹《いちまつ》の懸念が拭《ぬぐ》いきれない。

博報堂グループのシンクタンク・生活総研（博報堂生活総合研究所）が実施した「生活定点」調査を見ると、「知識・教養を高めるための読書をよくしている」と答えた人の割合は、一九九八年時の二九・三％に比べて、二〇二〇年時は一七・九％と一一・四ポイントも減っている。社会人にまでリベラル・アーツの必要性が叫ばれているわりに、実際に読書で教養を身に着けようとしている人は、全体的に減少傾向にあるようだ。

それ以上に気になるのは、昨今のリベラル・

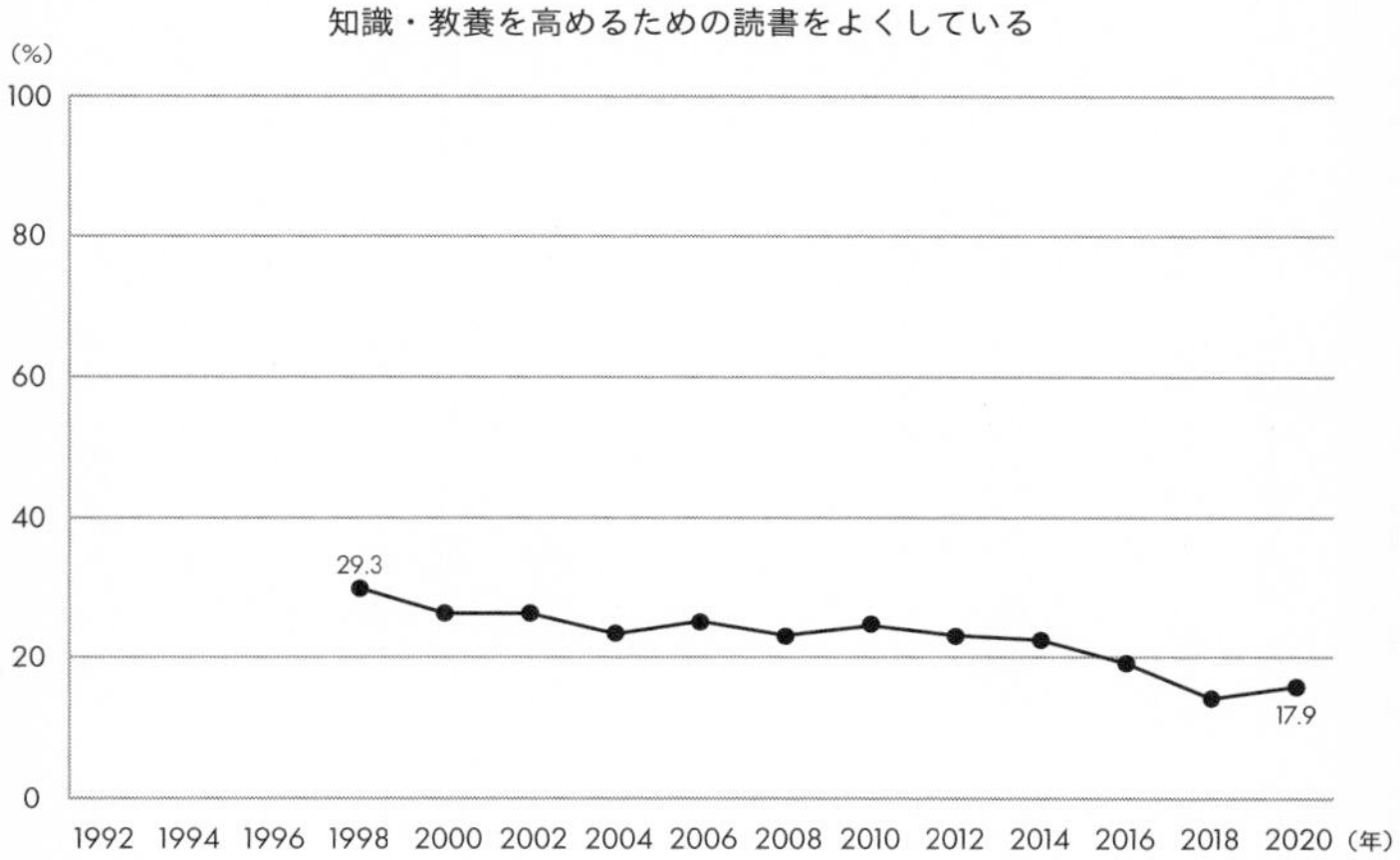

アーツ論に感じる、エリート主義的な構えである。

たとえば東京大学では、「エグゼクティブ・マネジメント・プログラム（EMP）」と称して、半年約五七〇万円の受講料で企業幹部向けのリベラル・アーツ研修を実施している。他大で開講している同種のプログラムも、総じて受講料は高額だ。リベラル・アーツとは、そも古代ギリシア・ローマの自由市民向けの学びであり、歴史的にエリート主義を引きずっている。アメリカから輸入した「一般教育」には、そのことへの反省があったはずなのに、現代日本のリベラル・アーツ論は、臆面《おくめん》もなくエリート色を打ち出している。

もう一つの懸念は、もっぱらリベラル・アーツが、文系科目中心に語られている点だ。その源流までさかのぼるなら、リベラル・アーツの半分は現代でいう自然科学に属する。だが、それに比して、日本のリベラル・アーツは哲学や歴史、宗教といった文系科目偏重のきらいがあることは否めない。

大学行政では、人文不要論が叫ばれている昨今、人文知の重要性を説くことには大きな意味があるとは思うが、現代の教養を構想するうえでは、進化生物学や認知科学といった自然科学の視点も外せないはずだ。

先行き不透明な世界をサバイブする武器として、リベラル・アーツに注目が集まっているのは事実だ。だが、それは一握りのエリートのためのものであってはならないし、偏《かたよ》った武器であるべきでもない。平成が終わったいま、日本もリベラル・アーツ2・0を構想する時期に差し掛かっているのではないだろうか。

斎藤哲也（さいとう・てつや）

1971年生まれ。東京大学文学部哲学科卒業後、Z会に入社。通信添削教材の編集後、社内の新規事業で新雑誌『Z-kan』を編集長として立ち上げるも、若干名に惜しまれつつ1年で休刊。2002年7月よりフリーランスに。著書に『試験に出る哲学』（NHK出版新書）、『読解 評論文キーワード』（筑摩書房）、編集・監修に『哲学用語図鑑』（田中正人・プレジデント社）など。取材・構成に『おとなの教養』（池上彰・NHK出版新書）、『世界史の極意』（佐藤優・NHK出版新書）ほか多数。「文化系トークラジオ Life」（TBSラジオ）にサブパーソナリティとして出演中。不識塾師範。

中川淳一郎

平成の人間関係を一変させたインターネット

私のような1973年生まれの人間にとって、20歳前後の頃のメインのコミュニケーションツールは公衆電話だった。93年（平成5年）に大学入学した私の周囲は、恋人に連絡するため公衆電話ボックスに列を作るか、別の公衆電話を目指して自転車に乗った。

親と一緒に住んでいる場合は、電話を占拠することが許されなかったのだ。せっかく愛を囁《ささや》き合っているというのに、「ヒロシ！　もういい加減に電話やめなさい！」などと母親のダミ声を恋人に聞かせるわけにはいかない。かくして公衆電話に冬の厳寒の中でも向かったのだ。

そうした煩《わずら》わしい状況をすべて解決してくれたのがインターネットである。とにかく連絡がしやすくなった。そして、インターネットの存在は、コミュニケーションのあり方を大きく変えた。

「生活定点」調査の「交際について、あなたにあてはまるものを教えてください。」という質問に対して、「友達でも、間柄によって連絡の方法を意識して区別する」と答えた人は、1998年に12・1%だったが、2020年に27・2%に。そして、「電話よりメールやSNSなどでやりとりする方が気楽でいいと思う」人の割合は、2012年に13・9%→2020年に22・4%となった。

この2つのデータから分かるのは、「より接点の深い人には音声で喋ってもいいが、そこまで深くない人には電話をかけるのは忍びない」ということである。或いは「電話は苦手」という意識の変化だ。コロナでリモートワークになる前、春のビジネス記事の風物詩として、「新入社員が電話を恐ろしがって取ってくれない」という記事があった。「会ったこともない人から電話が来ることを極度に恐れる（情けない）若者」という文脈で語られがちだが、これがネットではかなりの市民権を得ている。

　象徴的なのが「電話野郎」という言葉である。匿名《とくめい》で日記を書くことができる「はてな匿名ダイアリー」の２０１７年４月９日の投稿がそれだ。タイトルは「不在着信だけ残すのといきなり電話してくるのは相手の時間と行動を拘束する行為だからやめてくれ」というもの。

　書き出しでは「不在着信だけ残す人」と「いきなり電話してくる人」のことを「電話

交際について

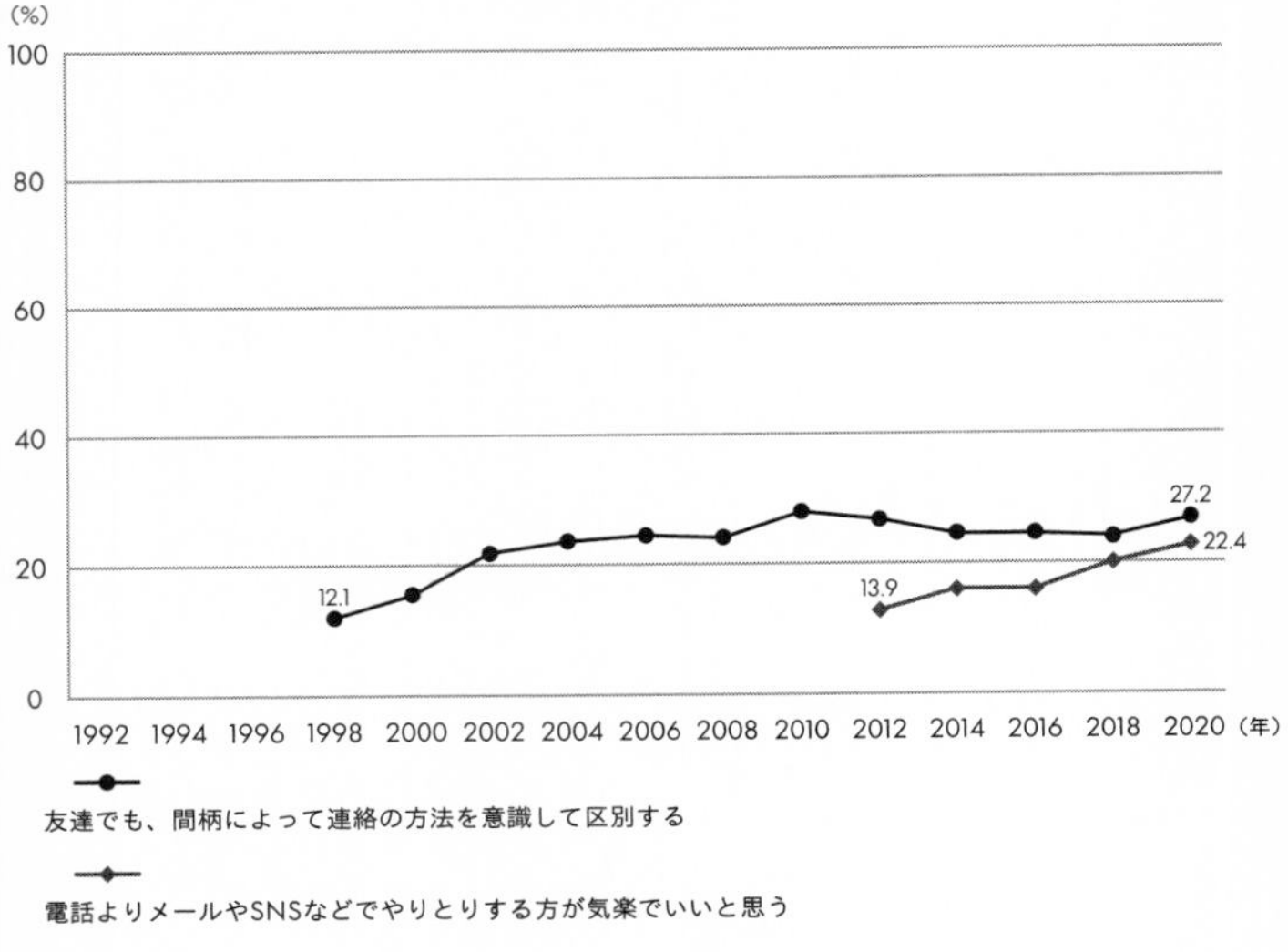

野郎」と呼ぶことを宣言する。そして、こう結論を述べる。

〈相手の時間を奪う行為で、相手の時間や行動を拘束・制限する行為だということ。〉そしてこう続く。3つ目以外は、この匿名ダイアリーの小見出し部分である。


〈電話野郎の話は電話でなくてもいい話が多い〉

〈用があるなら電話の前に先に要件を言えよ、せめて留守電に要件を残せよ〉（原文ママ）

〈混みいった話とか口頭で話をしないといけない場面はたしかにある。でも、そのときにやっぱり「いきなり」電話するのは失礼だし非常識だよ〉

〈電話野郎は仕事ができないやつが多い〉

〈電話は何も残らない〉

〈どうか相手の都合を考えてください〉

〈事前に要件のわからない電話や不在着信は、それだけで迷惑行為。電話は精神的に相手を拘束する行為でもある〉

これらが今の時代の空気感を表している。確かに、留守番電話で「電話くださ
い」というのは私も究極のバカ行為だと思う。せめて留守番電話に「○○社の×
×さん、私からの仕事のオファーを受けてくれるか感触探ってもらえますか?」
といった留守電メッセージであれば、電話主に「何かありましたか?」と聞く前
に××さんに感触を聞くことができる。

あまりにも「電話ください」という留守電が多過ぎたため、私は2004年で
留守電を解約したが、以後一切困ったことはない。何しろ毎月の留守番電話料金
が不要になるし、電源がついていれば、電話に出られないにしてもその人に後で
折り返せばいい。電源を切っておけば「おかけになった電話は電波の届かない場
所にあるか電源が入っていません」となり、相手に再度かけてもらえる。留守番
電話というものは、「あなたにボールがありますよ」を宣告する煩わしい機能なの
である。

また、あまりにもド正論があったので、これも紹介したい。

〈まず不在着信だけ残された場合、ものすごく面倒くさいと思う。なんで電話してきたのかを考えるし、かけ直すのも本当にいやでたまらない。要件がわからないから。で、いやいやながらも折り返しの電話をして相手が不在だった場合そこでまたモヤモヤする。ずっと気になる。その後、電話かかってくる↓不在↓かけなおすとかラリーが続く場合は本当にうざすぎる。人と話すことが苦痛な僕は電話が本当に鬱になる。〉

そうなのである、電車の中で電話がかかってきたりした場合、出るのも憚《はばか》られるし、ブチッと切った場合、相手の心証が悪くなると思うかもしれない。さらに、ブチッと切った場合にもう一度かけてくる者もいる。それだけ切羽詰まっているのだろうが、こちらとしては「今は出られないんだよ！　後でかけ直すから待っててくれ！」と思うも、電車を降りたところで折り返すと今度は相手が電車に乗っていたり会議中で電話に出られない。この増田（はてな匿名ダイアリーの著者を表す言葉）のイライラはよーく分かるのだ。

こうして電話の悪口を書いてきたが、「まぁ、電話の方が圧倒的に早いこともあるし、別にオレの時間なんてそこまで貴重じゃないからな……」と思うことは多い。

実業家の堀江《ほりえ》貴文《たかふみ》氏も「電話でしかやりとりできないような人は、僕の時間を無駄に奪う『害悪』だ」と述べ、電話をかけてくる人間とは仕事をするな、と説き、多数の共感を得ている。この「電話野郎」の件は多くの人から共感されているし、ネットのコミュニケーションの方が快適だと感じる人が多いのだろう。

そして、「人づきあいは面倒くさいと思う」と答えた人は、1998年に23・2%→2020年に35・0%と上昇傾向。恐らく、「どうでもいい人間と会うのは無駄」という考えなのだろう。

この意識の変化を裏付けるように、コロナで自粛要求（変な日本語だ）になった時、ツイッターには「コロナのお陰で飲みに誘われても『コロナが落ち着いたらね～』と断りやすくなりありがたい」といったコメントがよく見られたものである。

かくしてネットの普及により、日本人は快適なコミュニケーションの状況に到達したかと思われるかもしれないが、そんなことはない。何しろ、24時間追い回される人生になってしまったのだ。「電話はインターネット以前の他人の時間に強引に入ってくる古臭いツール」という意識が定着した感はあるが、「インターネットを介したコミュニケーションは24時間レスポンスを求められるむしろがんじがらめにされたもの」という側面もある。

私は未だにガラケーを使っているため、スマホ用チャットアプリを利用していない。家人はスマホにチャットアプリを入れているが、とにかく深夜でも早朝でもグループにメッセージが多数書き込まれ、それに対応せざるを得ない。「既読スルー」はマナー違反だとされていること

人づきあいは面倒くさいと思う

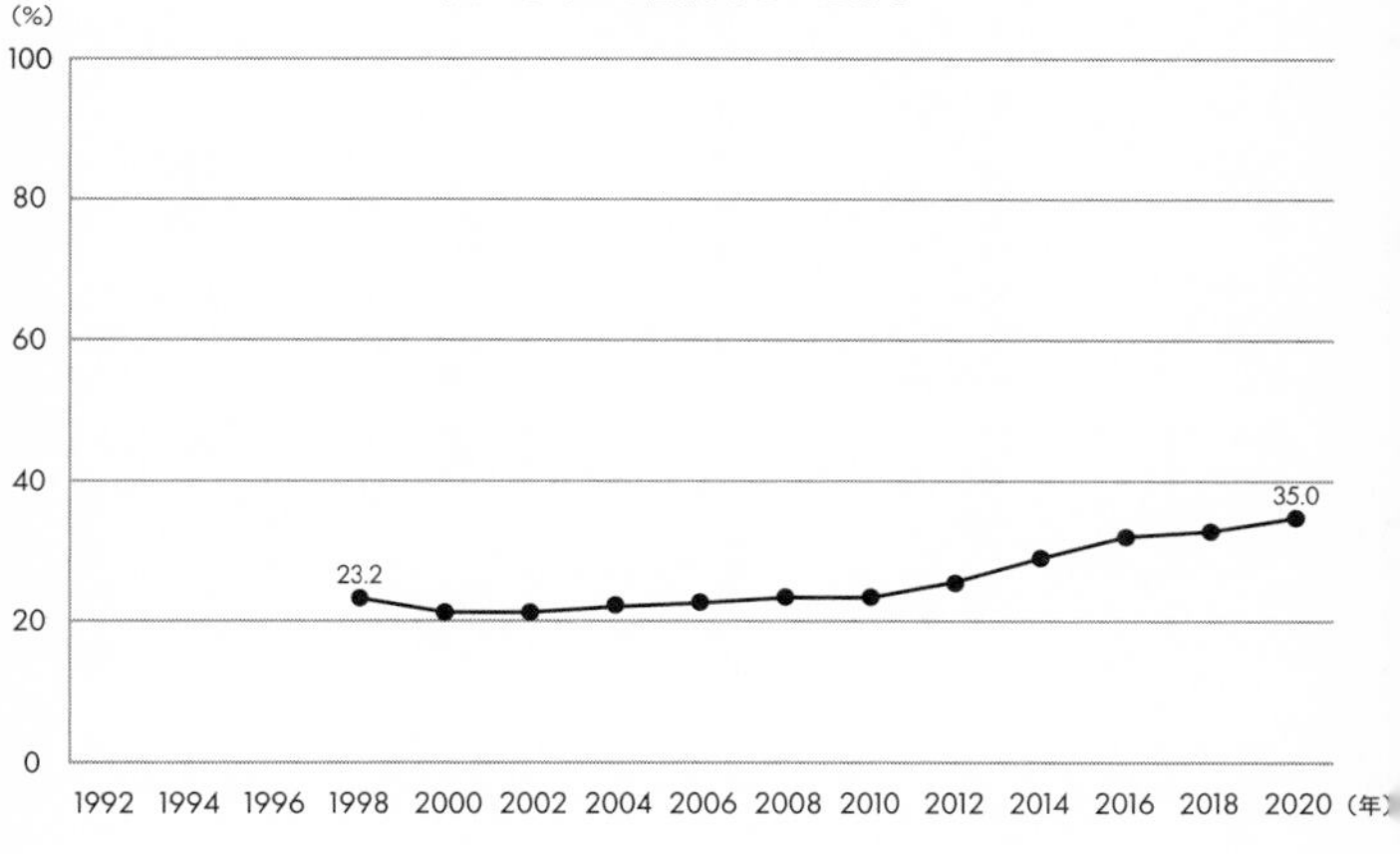

から、ついつい愛想笑い的返信をしてしまう。この方がよっぽど「人の時間を奪い、返信しなくてはならないと思わせる暴力的ツール」である。

そして、ここ10年程電話、ないしはメッセンジャーやメールで多いのは「メール送ったのですが……」の一言である。

つまり、「先ほどメールを私は送り、あなたに返事を求めているのですが、あなたはもう1時間も経ったにも関わらず、返事をしてくれない。それは仕事上、怠《たい》慢《まん》としか言いようがありません、どうしてくれるんですか、エッ！　今やメールを送ったら即レスが当たり前のインターネット&スマホ時代です！」という意識がここには存在している。

だが、こちらとしては「知らんがな」でしかない。それが社会の常識であるのかもしれないが、私は「社会の常識」なんてもんは特に重視しておらず、自分の常識の方を重視している。

しかし、私自身は電話には時々感謝している。ついついツイッターで弱音を吐いてしまった場合、深い仲の人々からは「大丈夫ですか？」と電話が来て「私でよければ苦しい時は電話をしてくださいね」などと言ってもらえる。こういう時、とことん電話とその先の愛しい人々に感謝したくなる。

さて、冒頭の「友達でも、間柄によって連絡の方法を意識して区別する」と答えた人が平成の間に倍増した件についても述べるが、これは、選択肢が増えたということであろう。1998年の場合、携帯電話が普及して数年後のため、当時は「手紙」「直接会う」「固定電話」「携帯電話」「PCのメール」という手段しかなかった。ここにSNSとLINEやSlack、Zoom等が追加されたということだろう。各人がなんとなく、相手に合わせてこれらを使い分けているわけだ。恐らく「電話」「Zoom」だとより親密度合いは高いのではないだろうか。自分なりに人間関係の重要度合を整理するには、どの方法で連絡をしているか、ということを見るといい。確かに、自分の携帯電話の発信履歴を見ると、固定の数名に限られる。そして、これらの人が現在もっとも親密な人である、ということが分かる。人生の棚卸というか、人間関係の棚卸もいつかやっておいた方がいい。そうしたことを知らせるデータである。

そして、平成のコミュニケーションの変化として最後に言及したいのが「炎上」である。インターネットがない時代、「公の場で発信できる特権を持った人」以外は見知らぬ他人から何百、何千、何万といった単位で批判され、炎上という形でボコボコにされる機会は犯罪者以外はなかった。

もちろん芸能人や政治家、著名アスリートといった人々の発言は、色々批判され、メディアを通じて人々の怒りが可視化されたものである。

インターネットで自由に誰でも発言できるようになったからこそ、その副作用あるいは弊害として炎上が発生するようになったのである。それらには様々なパターンがあるが、箇条書きにしてみる。

- 非常識的な行為をする（「バカッター騒動」に典型的）
- 自分の幸せ過ぎる人生をことさらに自慢する
- 政治的発言で極端なことを述べる
- ジェンダーや人種関連で極論を述べる

●過去の問題発言・行動が突然ネットで復活させられる

ネットが広まった現代はこれらの発言が炎上しうる世の中であり、一般人でさえ炎上で人生を終わらせる危機と無縁ではないのだ。

こうしたところから見ると、ネットおよびSNSが普及していない時代を知っている私のような40代後半以上は「あぁぁ……。私の若い頃にネットとSNSがなくてよかった！」と安堵していることだろう。平成の間にネットは社会を一変させてしまったのである。

中川淳一郎（なかがわ・じゅんいちろう）
1973（昭和48）年東京都生まれ。ネットニュース編集者。博報堂で企業のPR業務に携わり、2001年に退社。雑誌のライター、「TVブロス」編集者等を経て2020年10月にセミリタイアし、佐賀県唐津市に移住。著書に『ウェブはバカと暇人のもの』『夢、死ね！』『バカざんまい』等。

鳥羽周作

インターネットとコロナ禍が変えた、伝達「届けきる」をどう実現するか

僕は料理人であり、代々木上原のレストラン「sio」をはじめ東京に計4店舗、関西圏に2店舗の飲食店を運営する経営者でもあります。業態はフレンチ、イタリアン、洋食店、居酒屋、すき焼き店など様々です。2021年4月には食のクリエイティブカンパニー「シズる株式会社」を立ち上げ、食に対し多角的なアプローチを試みています。

僕らの組織が最も大切にしているのは、「発信すること」に加え、「届けきること」。料理人を始めた頃は、来店したお客様が料理で喜んでくださるのが嬉しく、それが全てのように思っていた時期がありました。でもあるとき、それでは店やスタッフを守り切っていくことは難しいのでは、と気がついたんです。良いものを作っても、伝わらなければ、届かなければ意味がない。むしろ、作った努力が無駄になってしまう。今はその意識を全社メンバーが共有し、各店舗・各スタッフが日々、熱心に情報を発信しています。

「生活定点」データによると、2020年時点のスマートフォン所有率は89・6%と非常に高い

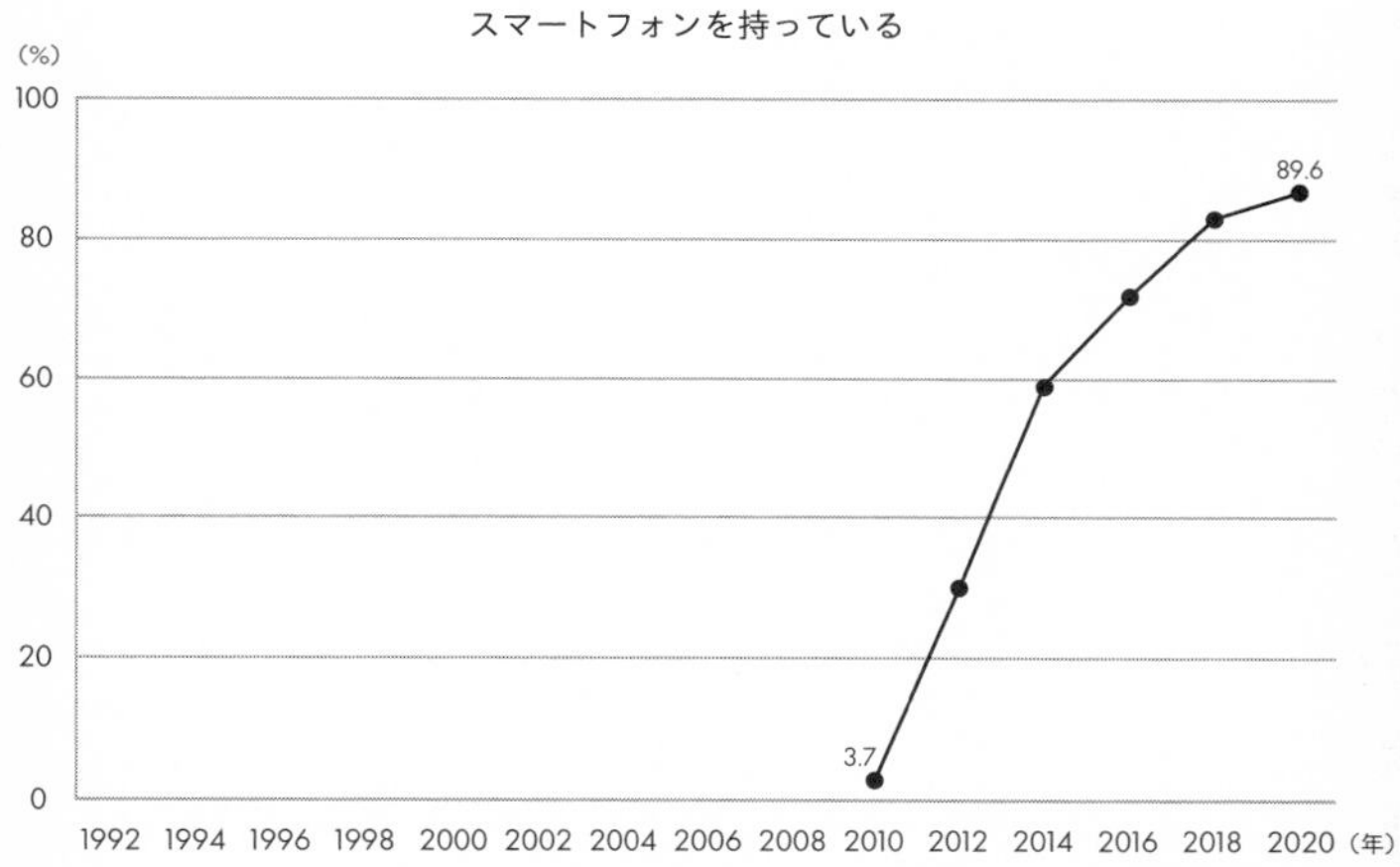

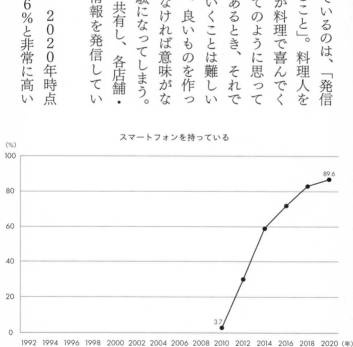

ですが、僕が驚いたのはむしろ、10年前（２０１０年）のスマートフォン所有率はたった3・7％だったという事実です。

スマホは情報のあり方を一変させ、10年の間に情報の伝達方法も大きく変わりました。平日に新聞を読む人は76・0％（２０１０年）から40・6％（２０２０年）に大幅下落。平日に雑誌を読む人も56・6％（２０１０年）から28・1％（２０２０年）まで低下しました。平日にテレビを視聴する人については、２０２０年になっても94・8％と高い数値を維持しています。

一方、平日もしくは休日にソーシャルメディアを見る人は80％前後（２０２０年）、動画投稿共有サイトを見る人は61・8％（２０２０年）。新聞や雑誌を読んでいた時間がそのままスマホでＳＮＳや動画を見る時間に移行した、と推察します。

また、情報は新聞や雑誌などの一方向（ワンウェイ）から、インターネットの双方向（インタラクティブ）フローへと変わりました。この双方向化が、僕らに大きな力をくれています。

2020年春。新型コロナウイルス蔓延により、当時営業していた3つの店舗も大きな危機的局面を迎えました。ただ、この危機は不可抗力でしたし、お店は潰れる時は潰れる。潰れたらまた一からやり直せばいいと腹を括った僕は、料理人としてこの危機にどう動くべきかを熟考しました。

あの時期、本当に街に人がいませんでした。学校も幼稚園も保育園も休みになったのに、街に人がいない。ということは、皆、家にいるんです。混んでいるのはスーパーと公園だけ。仕事や子育てをしながら3食自炊をし、疲弊する方々の声がSNSに毎日流れていました。

少しでも皆さんの役に立てないかと考え、思いついたのがレシピ公開でした。同じ料理でも、同じ食材を使っても、少しの工夫で味わいはぐっとアップする。丸の内の店舗で人気のあった唐揚げやナポリタン、豚丼の作り方。少しの工夫で絶品になる焼きそばのコツなど、身近な料理のレシピを「#おうちでsio」というハッシュタグとともに公開していくと、大きな反応がありました。

「生活定点」の調査項目「料理の写真を撮ってインターネットで公開したことがある」、という人は2020年時点、約15%と微増しています（2014年から約5ポイント増）。

徐々に、作った料理の写真を「#おうちでsio」のハッシュタグとともにアップしてくれる方が増え、その一つ一つの投稿に僕本人がお礼やコメントを書き込んでいくと、いつのまにか僕のTwitterフォロワーは倍増していました。

「幸せの分母を増やす」僕らの行動指針は、一人でも多くの人に料理を通じて笑顔を届けることです。

コロナ危機がきっかけではありましたが、おいしい料理の喜びとともに多くの方に「sio」「鳥羽周作」という名前を知っていただけるようになったことは、僕らにとって偉大な学びとなりました。それまでも「sio」はメディアにご紹介いただく機会がありましたが、東京や関東圏にいる方以外は、「遠いから」と興味を持ってもらえなかったのです。ですが、この「レシピ公開」という従来のレストランではご法度だった行動こそが、県境を越え、国境も越え、名刺となって世界を飛びまわってくれました。

現在、僕のYouTubeチャンネルに登録してくれている方は19万人を超え、Instagramが7万人以上、Twitterのフォロワーももうすぐ9万人に届きます。グループの全店舗、全スタッフも熱心に、時に横断的に発信をしており、すべてのフォロワーを合わせると延べ40万人にも及びます。

僕は今でも毎日数時間、睡眠時間を削ってでもSNSをパトロールし、僕やお店をタグ付けしていなくても僕らに関連する投稿を発見したら、必ず一言添えるようにしています。「テレビ番組に出ていたシェフのレシピを作ってみたよ」「友達が作っていたシェフのレシピを真似したよ」といった何気ない投稿も拾うので、全く知らない方に驚かれることもしばしばあります。ただ、僕はお礼をしたいし、意見には直接お答えしたい。そして、いつか僕らの運営する店に足を運んでもらい、味の答え合わせをしていただけたらこんなに嬉しいことはありません。

最初はSNS戦略に長けた方々を見様見真似で始めた双方向コミュニケーションでしたが、今では全社を挙げて、戦略的に実施しています。これにより、あるアイデアに対しどの程度のレスポンスがあるかをSNSの反応で予測することが可能になりました。2021年初頭から開始した朝からコース料理を食べられる「朝ディナー」については、思いついてすぐTwitterに投稿しニーズを問い、予想以上の反応があったため、翌日には予約を開始。翌週から営業を開始するというスピードで実現しました。SNSでの反応はリアルな声をいただいているという実感があるため、自信を持って進められるという利点があります。結果として朝ディナーは9か月間実施し、朝昼夜の3部営業をし、いつ来店してもその時間帯ごとのスペシャリテが楽しめる、新しいレストランの開店につなげることができました（北青山・Hotel's・2021年10月1日開業）。

また、レシピが名刺がわりになるなら、他にも名刺になるものがあるのではないかと考え、まず「贅沢《ぜいたく》弁当」の開発を行いました。レストランに来られない状況の方に対し、家でできるレストラン体験を考え抜き、13品の一品料理と贅沢なご飯をお重に詰めたのです。お弁当は冷めていても、多少時間がたってもおいしい必要があります。この「冷めても」「時間がたっても」を僕なりに因数分解し、和とフレンチの手法で料理を考案。また、一緒に添えられる「お品書き」に丁寧な説明を加え、レストランにおけるサービスマンの役割を落とし込みました。記念日やお祝い事をご自宅で祝う際、また外食しづらくたまにはおいしものをという際に、多くの方に楽しんでいただいています。

贅沢弁当のほか、冷凍することで日持ちを実現しレストランのハイクオリティなデザートをご自宅でお楽しみいただける「sio のチーズケーキ」、簡便な手土産として人気の「フルーツサンド」や僕の考案した「ふつうのマヨネーズ」などを通じ、「sio」の味わいを体験してくださる方が増えています。「生活定点」の調査では「よその家を訪問する時は、手土産を持っていく」と答えた方が71・7％います（2020年）。僕らの味わいを知る方が、また違うどなたかに「sio」をご紹介してくださる。本当にありがたいことだと感じます。

間もなくECショップを立ち上げ、店舗で使っている食材や器などをお買い求めいただけるようになる予定です。近年大きく変わった部分は、接点を限りなく増やしオンラインで、以前から変わらないところはオフラインで。求めてくれる方がいるなら新しいことにいつでも乗り出す、それが僕らの強みであり、これからも心がけるべき優しさなのだと改めて感じます。皆さんとの接点を可能な限り多く持ち、血の通う温かいコミュニケーションを絶やさない。いつの時代も、それが一番求められることなのではないでしょうか。

鳥羽周作（とば・しゅうさく）**sio 株式会社代表取締役 ｜ シズる株式会社代表取締役**
1978年生まれ、埼玉県出身。Jリーグの練習生、小学校の教員を経て、32歳で料理人の世界へ。2018年、代々木上原にレストラン「sio」をオープンし、オーナーシェフとしてミシュランガイド東京で2年連続星を獲得。また、業態の異なる6つの飲食店（「sio」「o/sio」「純洋食とスイーツパーラー大箸」「ザ・ニューワールド」「㐂つね」「Hotel's」）も運営。TV、書籍、YouTube、SNSなどでレシピを公開し、レストランの枠を超えて「おいしい」を届けている。モットーは『幸せの分母を増やす』。

高橋弘樹

恥ずかしさで逃げ出したくなる、「野菜の煮物」なき社会

「ラーメンは数字持ってるんだよ、取りあえずラーメン撮っとけ！」

テレビ東京でバラエティやドキュメンタリーを作って16年になる。テレビでは困ったらグルメ番組をやれば大コケはしにくい、ということで手っ取り早く数字をとるために、冒頭のようにどんな料理が視聴率をとれるのかは大きな関心事だ。

だが、これまで真夜中に人の家に行くだけの『家、ついて行ってイイですか？』

や空から日本を見るだけの『空から日本を見てみよう』、ジョージ・ポットマンという架空のイギリス人日本研究者が日本の平成時代を分析するという体をとったフェイクドキュメンタリー『ジョージ・ポットマンの平成史』など、グルメにほぼ関係ない番組ばかりを作ってきた。

それは、『料理の鉄人』という偉大な壁が立ちはだかっていたからだ。世界観、ナレーション、鹿賀丈史。番組制作者の視点から見ると、ここまで完璧に作られた番組はないと恐れをなすほど、完璧な番組だった。

テレビの世界で視聴率をとるにあたって、べつに新しいことが必要条件なわけではない。冒頭のラーメンのように、適切にニーズをつかめば成功することも可能ではある。

だがせっかくなら「見たことない番組」を作ってみたい。そう思っていた。だから、この伝説的番組を超えられる気がしなくて、グルメ番組からは逃げ続けてきたのだった。

しかし不惑にさしかかり、グルメ番組に挑戦するなら、もう後がない。

ラーメン以外に、どんな食べ物なら数字がとれるのか。そんな気持ちで博報堂生活総研の「生活定点」サイトをクリックした。

だがそこに隠されていたのは、恥ずかしさで逃げ出したくなるような、するどい刃を映像制作者である自分につきつける、データの数々だった。

「生活定点」によれば、「好きな料理は何ですか」という調査で、なんと「野菜の煮物」と答えた人が1998年には54・5%だったにも関わらず、2020年にはわずか36・2%。平成時代を通して、なんと18・3ポイントも「野菜の煮物」好きが減ってしまったというのだ。

なんと。「野菜の煮物」が好きな人が、減ってしまったというのだ。そう。「野菜の煮物」が好きな人が、減ってしまった、というのだ。

一体どういうことなのか。しっかり、この事象を観察し、考えを深めてみると、日本のエンタメ界、いや日本全体の行く末を暗示する、象徴的なデータであるとさえ思えてきた。

とりあえず、神保町の東京堂書店のペーパーバックカフェで、コーヒー1杯の限界滞在時間である2時間を過ぎそうだったので、もう1杯コーヒーを追加して、さらにデータを読みこんでみた。

ここは企画や文章を書く際、資料が近くにあって便利なのだ。

アイスからホットに変えたコーヒーをすする。

すると、なんと「酢の物」も同調査でポイントを大きく下げている。1998年には50・0%もの人が好きな料理として挙げたのに、2020年には36・7%。13・3ポイントの減少だ。

健康にいい「野菜の煮物」と「酢の物」が、平成時代を通して、かくも日本人から忌避されつづけている。

一体、日本人に何が起きているというのか。

反面、「ハンバーグ」は39・0%から59・8%に、「パスタ」は47・8%から61・3%へ好きな人が増えている。では、和食が敬遠され、食の洋食化が進んでいるのか。事はそう単純ではなさそうだ。

「納豆」は50％台でほぼ横ばい。「天ぷら」も同じく50％台で横ばいだ。

それでは、他に下がっているのは……。たとえば、「焼魚」は大惨事《だいさんじ》だ。61・1％から48・1％。このペースで行けば、22世紀には焼魚は絶滅するといっていい。ここまでの状況を整理すると、好きな人が大幅に減っているのは、「野菜の煮物」「酢の物」「焼魚」。「野菜いため」も47・4％から40・0％へ減少している。

これらに共通するものは何か。

それは食する人間に苦痛を強いるという点だ。

野菜には「苦味」がある。酢には「酸味」。

この「苦味」と「酸味」は、腐敗物や毒物が持

好きな料理

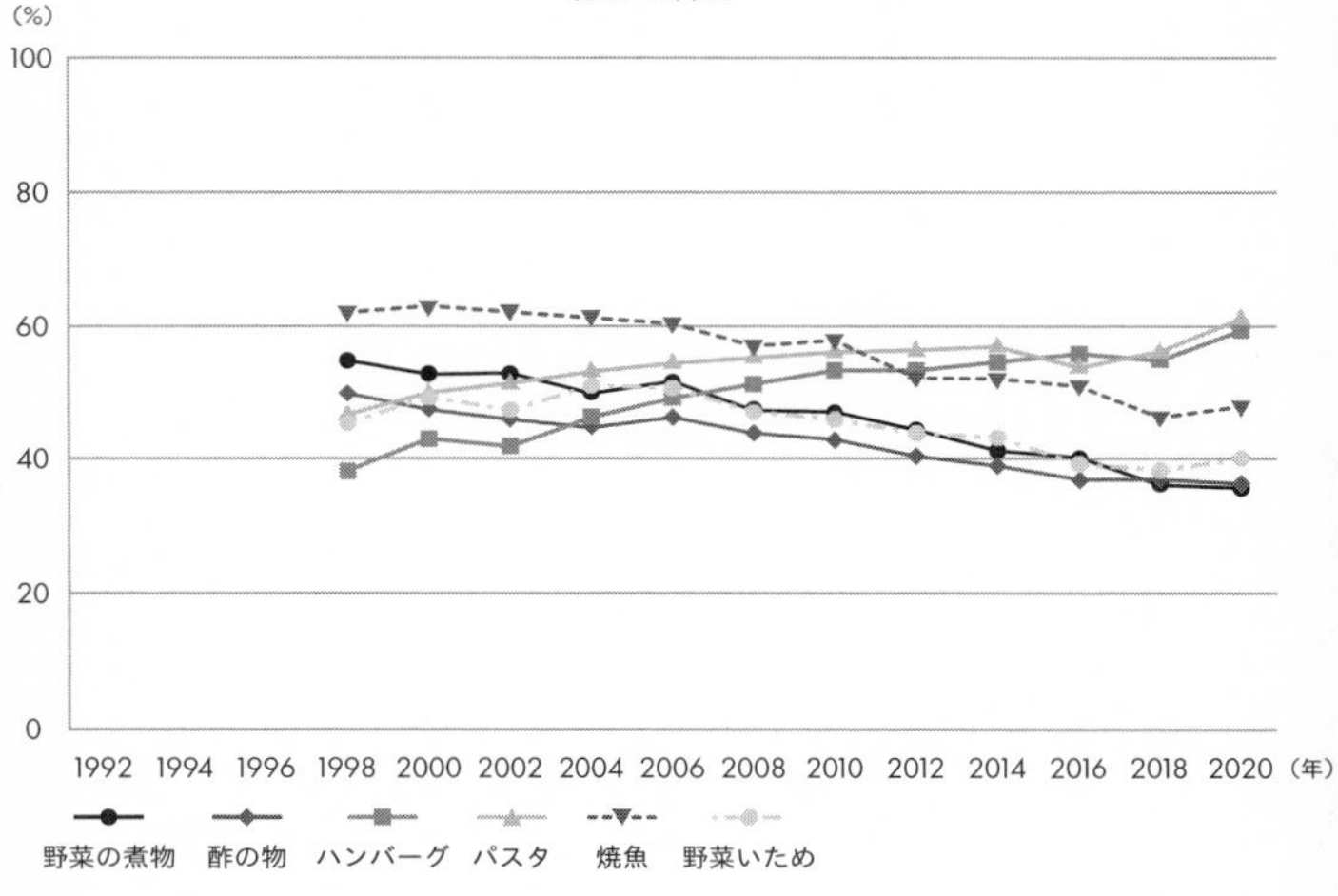

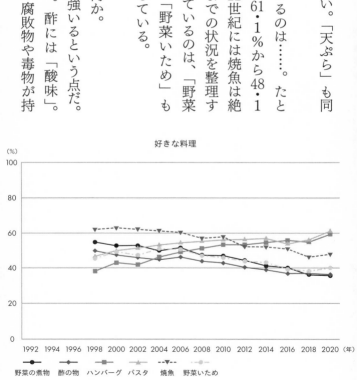

つことから、子どもがこれらの味覚を避けるように、本能的には危険なものと認識する。

「焼魚」はどうか。焼魚にはどうしても、「面倒くさい」「痛い」というイメージがつきまとう。小骨《こぼね》をとったり、小骨が喉《のど》に刺さったり……。

だがこれらの料理は、それにも関わらず、これまで連綿《れんめん》と食されてきた。それはこれらの食材が体にとって有益な成分を含むからだ。

だが平成という時代を通じて、日本はいかによい結果をもたらすものでも、苦痛を伴うならば、それを遠ざける「野菜の煮物あまり好きじゃない文明」に突入してしまった。

その先に「効果」があるのに、目の前の「苦痛」を我慢しなくなる。

耳が痛いことだった。

テレビ番組を作るのは、まことに苦痛を伴う。

たとえば「面白い企画を考える」という作業は、果てしない禁欲の果てにある。

「面白いものがいつ思いつくか」というのは、まったくわからない。一日中パソコンと向き合っていても思い浮かばないこともある。

企画のインスピレーションを得るため、という理由で東京堂書店のペーパーバックカフェにこもるはこもるが、結果3階の地方小出版コーナーでひたすら立ち読みしたり、1階の新刊コーナーで、べつに企画の種に1ミリもならなそうな、昨年急逝《きゅうせい》した坪内祐三《つぼうちゆうぞう》の、妻が書いたエッセイを買って読みふけり、ただただまったく知らない故人を偲ぶ。

腹が減っていては良い考えは浮かばないと自分を説得し、又隣の「はちまき」に天ぷらを食いに行く。腹一杯になれば、腹が一杯では、良い企画が思い浮かばないと自分に言い聞かせ、向かいにある三省堂の6階までのぼって漫画を買い込む。

そうこうしているうちに18時になり、ペーパーバックカフェを追い出される。ともすると、こうした堕落のループに、簡単に陥る。こうした誘惑を全て断ち切って、しっかりPCに向かい、ただただ「面白い企画」を考える、というのは、面白くもない「苦痛」を、かなり伴う。

また、「番組を演出する」というのも、これまた苦痛の嵐だ。バラエティだろうと、ドキュメンタリーだろうと、「演出」の根本は、取材対象の魅力を引き出し切ることにあると思うが、そこにはひたすら対象を観察し、外面には決して現れない「動機」や、「感情」を見出し、それが何であるか仮説を立て、それが正しいかどうか、さらに観察して検証するという根気のいる作業が必要となる。

あるいは自分が「面白い」「美しい」と感じたものを、どうしてそう感じたかを突き詰めて、よりその魅力を増幅させる作業が必要だ。

そのため、たとえばドキュメンタリーなら、撮影した数十時間、ときに数百時間の映像を何度も何度も見直したりする。こうした作業は、とてつもない苦痛を伴う。

「生活定点」のデータを観察しているうちに、自分を恥じる気持ちを抑えきれなくなったのは、このためだ。

日本人が「野菜の煮物」を食べなくなった、ちょうどその期間を通じて、わたしも次第に、どこかこうした「制作者」としての「苦痛」に向き合う作業をおろそかにしてきたのではないかと思う節があった。

若い頃は当たり前に抱いていた「『料理の鉄人』を超えるグルメ番組を作りたい」という思いは、「あれを超えるグルメ番組など作れない」という思いにとって代わられていたのだ。

「野菜の煮物」や「焼魚」を食べずに、「ハンバーグ」や「パスタ」ばかり食べていたら、確実に栄養バランスが偏るだろう。だが、平成時代の日本は、どこか「嫌いなものは、無理に向き合わなくて良い。それより、やりたいことをやればいい」、あるいは「苦痛を伴わず、快適な生き方を選ぼう」、そんな風潮が次第に主流になっていった時代だったように思う。

自分も確実にこの時代性の影響を受けていったのは間違いない。ちかごろなど、ともすれば天丼を頼むにしても、野菜は抜いて、エビしか入っていない、エビ天丼を頼みかねない。

また、時代とあいまって、年をとるにつれ、苦痛を強制的にあたえてくれる相手がいなくなる、というのも事実だ。「上司のタバコの銘柄を覚えろ」。ＡＤ時代に要求された、たとえば、一見この理不尽な要求にも、まずは従い、そこに意味を見出す。つねにタバコを取り出せばそれを観察する癖をつけ、覚えるために、「なぜこの人はこの銘柄なのか」を考える。

企画や演出の根本は、物事をまず、観察すること。そこに意味を見出し、検証すること。理不尽な経験は、こうした観察や理由を考える機会を強制的にあたえてくれる絶好のチャンスであったはずだ。

だが年をとるに従い、理不尽な要求をされることも少なくなる。そしてある程度のクリエイティブは、これまでの経験で組み立てることができるようにもなってしまった。

また、エンターテインメントや映像を取り巻く、環境の変化も大きいと思う。いま放送局は、地上波だけの収益構造からの脱却が至上命題だ。わたしも、今年から「日経テレ東大学」という企画をYouTubeで立ち上げ、経済バラエティを制作している。

その経験を通して感じることは、テレビとｗｅｂの映像制作の方法論は、まったく異なるということだ。

テレビではつねに「見たことない」「新しい」ものを作ろうと思っていた。『家、ついて行ってイイですか?』にしても、『ジョージ・ポットマンの平成史』にしても、そういう思いで作っていた。

だがwebでの成功の近道は、まったく逆のように今のところ感じる。「すでにヒットしているもの」「再生回数がまわっているもの」。それの類似コンテンツを作ることが正義とされる。

これはテレビとwebの、メディアとしての根本的な性質の違いからきていると思われる。参入業者が限られ、ザッピングでたまたま意図しなかったコンテンツを発見する「受動的」発見がまだ機能しやすいテレビでは、目新しいコンテンツを発見し、それが視聴者に支持されていく土壌がある。

だが、「あれを見よう」と「能動的」に決めて動画を見はじめ、その先はこれまでの視聴データをもとにしたアルゴリズムによって視聴される動画が左右されていくYouTubeなどのweb動画では、まったくこれまでの選好や現在の流行からかけはなれた、真新しいコンテンツはヒットしにくい。ハンバーグが好きな生活者には、「まだまだあなたが好きな、似たハンバーグがありますよ」、と提示するのだ。「苦いけれど、こうした野菜も食べたほうがいいですよ」、と勧めてくるお節介なアルゴリズムはまだ見かけない。

ゆえに、どうしても「新たな企画を生み出そう」、「新たな演出を生み出そう」という、苦痛への挑戦から遠ざかり、すでにヒットしているものを分析する作業に没頭しがちになる。そして、その道の方が心地よく感じたりもする。その分析作業は、すでに成功しているコンテンツの消費であり、苦痛というより快楽を伴う道だからだ。

「時代」「年齢」「メディアを取り巻く環境」。これらすべてが、クリエイティブを殺す要因かもしれない。だがそれに、自分は甘んじ続けていたのではないか。「生活定点」の「野菜の煮物」「酢の物」「焼魚」はわたしに、そう、高潔な恥辱《ちじょく》を突きつけたのだった。

いつのまにか、「野菜の煮物」を食べなくなっていた自分に、嫌気がさし、恥ずかしくなった。

なにを偉そうに、自分は昨日まで息子に「好き嫌いせずに、野菜も食べなさい」と、語りかけていたのか。

自分こそ、食べていなかったではないか。

18時をすぎ、東京堂書店のカフェを追い出され、近くのスターバックス神田小川町2丁目店で思う。もう、「野菜の煮物」を食べなさい、と誰かが言ってくれる時代でも、年齢でも、それが勝手に出される状況でもないことはたしかだ。

だからこそ、思った。

作り手である以上、他の人間はいざしらず、自分はつねに苦痛を進んで引き受けようと。ともすれば気を抜いて、ボーッと過ごしてしまう毎日を、流してしまうことなく、労力を投入し、観察し続けようと。

新しい時代を見極めるためｗｅｂ動画にはチャレンジしつつも、テレビが得意とする、とまだテレビマンとして信じていたい、そしてともすると、その苦痛ゆえ逃げてしまいがちな、「新しいものを生み出す」という挑戦に向き合おうと。

そして、企画を書くためにペーパーバックカフェに赴いて、なるべく席にかじりついて、昼食だけは、「はちまき」に行ってもいいとしてなるべく、野菜の天ぷらは追加しよう。
そう、思った。
その先にしか『料理の鉄人』超えの企画を生み出せる可能性は、ない。

「すみません、店内のご利用8時までになります」

スタバも追い出された。

高橋弘樹（たかはし・ひろき）
映像ディレクター。2005年テレビ東京入社。テレビの企画・演出に『家、ついて行ってイイですか?』『ジョージ・ポットマンの平成史』『吉木りさに怒られたい』など。YouTubeチャンネル『日経テレ東大学』の企画・製作統括として迷走する雑談番組『Re:Hack』などweb番組の演出もつとめる。近著に佃島・妙見島・城南島など「23区の島」について記した『都会の異界 東京23区の島に暮らす』（産業編集センター）。著書に『1秒でつかむ』（ダイヤモンド社）、『TVディレクターの演出術』（筑摩書房）、『敗者の読書術』（主婦の友社）など。

藤田結子

「女性の手作り＝愛情」はいつまで続く？

家事意識の高い男性、でもいまだに食べる専門

「母親なら、ポテトサラダくらい作ったらどうだ」。買い物中の女性が高齢男性に絡まれていたというツイートが、「ポテサラ論争」（2020年）を引き起こしました。どうやら家庭の食事というテーマは、今日、多くの人びとの感情に訴えるようです。それはなぜでしょうか。

これには「手作り＝愛情」という意識が影響していると考えられます。最近では「イクメン」という言葉が広まり、土日にはベビーカーを押す男性もよく見ら

れます。男性も家事をするべきという意識が高まってきている、と感じられるでしょう。「生活定点」データはこの変化を裏付けています。

家族について、「夫も家事や育児を優先すべきだと思う」と答えた人の割合の変化を見てみましょう。子育て世代である30~40代の女性の場合、30代女性は48・9%(1998年)→50・2%(2020年)、40代女性は31・1%(1998年)→36・2%(2020年)でした。2~5ポイントの微増といったところです。その一方で、男性の場合、30代男性は25・7%(1998年)→40・2%(2020年)、40代男性は21・1%(1998年)→34・7%と大幅に増えました。「夫も家事や育児を優先すべきだと思う」と答える男性は、約

夫も家事や育児を優先すべきだと思う

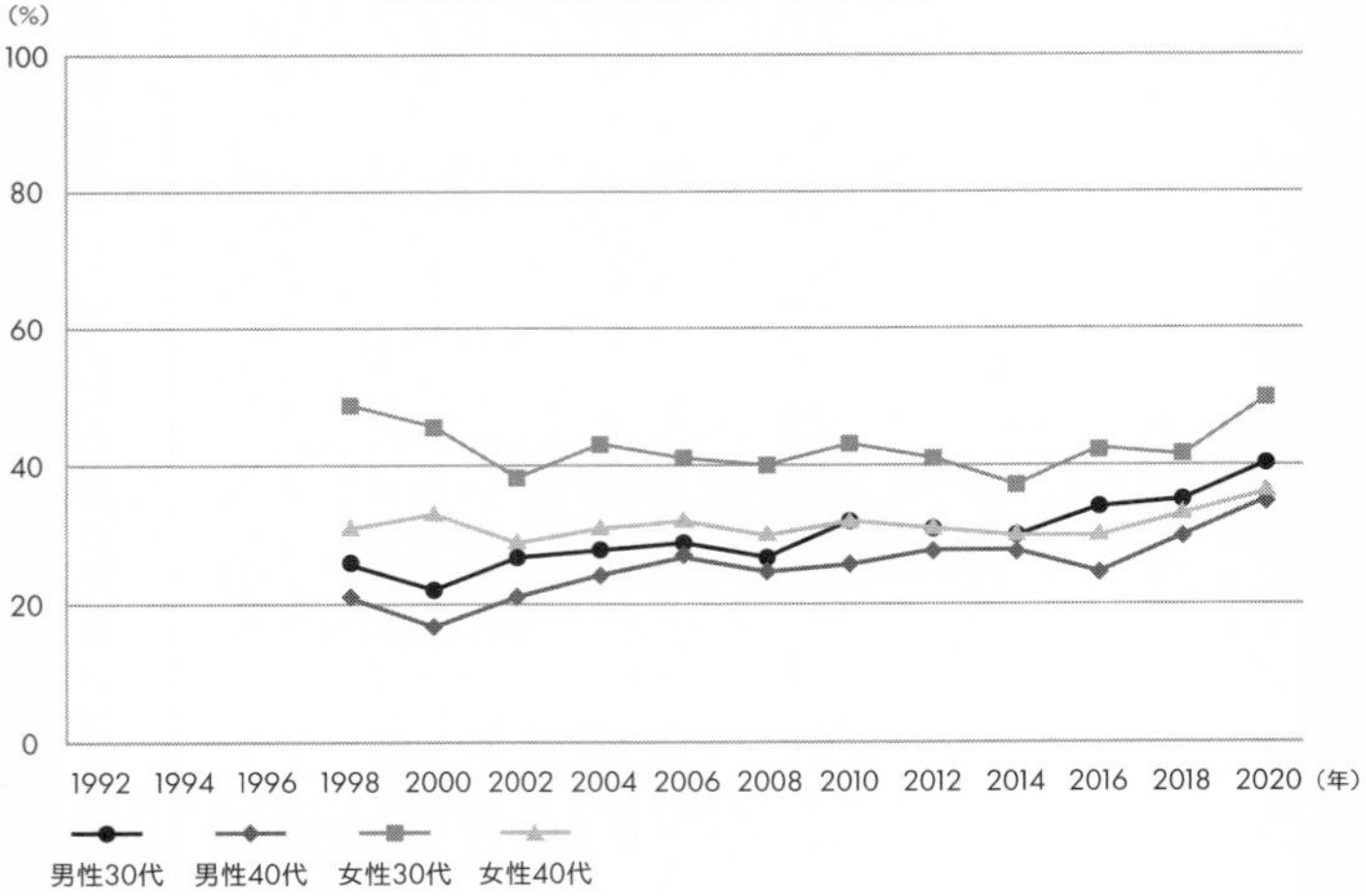

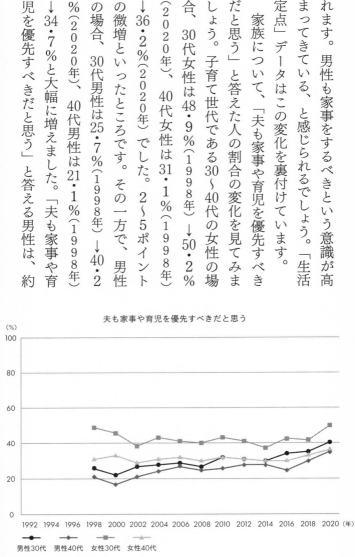

20年間で15ポイント近くも上昇したのです。

では、実際にパパたち、夫たちの家事育児時間が大幅に増えたのかというと、そうでもありません。実態は、「意識高い系」とでもいえるでしょうか。共働きの割合が多くなった今日でも、家事育児時間は女性の方がかなり長く、とくに食事の管理や用意（買い物、献立決め、調理、盛り付け等）は、圧倒的に女性に偏っていることが総務省『社会生活基本調査』、ＮＨＫ放送文化研究所『国民生活時間調査』など複数の調査からわかっています。

「意識高い系」の謎をとく鍵は

なぜ多くのパパたち、夫たちは食事作りをしないのでしょうか。その理由として、「男は料理が苦手」ということがよくいわれます。しかし、ＮＨＫ『きょうの料理』に出演していた帝国ホテルシェフ・村上信夫《むらかみのぶお》氏や「すきやばし次郎」寿司職人の小野次郎《おのじろう》氏など、男性でも有名な料理人は多くいます。男性が本質的に料理を「できない」ということはありえないでしょう。外での仕事であれば男性は料理の達人となれるのです。

もう1つの理由として、男性の帰宅時刻が遅く、食事作りをすることができない状況があげられます。未就学児の子どもを持つパパたちの平均帰宅時刻は夜8時台、子どもの平均就寝時刻とたいして変わらないというデータもあります。しかし平日の帰宅時刻が遅いということだけが理由であれば、週末の時間のあるときに料理をすることもあるでしょう。けれども、総務省『社会生活基本調査』から7割の男性は週に1回も料理をしないことがわかっているのです。

謎を解く鍵は、冒頭の「手作り＝愛情」という意識です。つまり、女性が愛情を込めて手作りすることで家族は情緒的に結びつきを強めるといった根強い手作り規範が日本社会に存在しているのです。

調理済み食品利用と働く母親の増加

それは、「生活定点」データからも示唆《しさ》されます。「あなたの食生活にあてはまるものを教えてください」という質問に「調理済食品（レトルト、冷凍食品、惣菜など）をよく使う」と答えた人の割合は、30代女性は34・2％（1998年）↓37・5％（2020年）、40代女性は24・4％（1998年）↓35・6％（2020年）とそれぞれ約3ポイント、11ポイント増えました。同世代の男性も同様に増え、男女ともとくに40代で大幅にポイントが上昇しています。

それでも、6割程度の女性は調理済み食品を「よく使う」とは答えていません。いまだに多くの女性が、調理済み食品を活用するよりも自分が手作りする方がいいと考えているからだといえます。私が実施したエスノグラフィー調査（「家庭における食事の用意をめぐる意味づけ」『社会学評論』72、2021）ではその傾向が顕著《けんちょ》に見られました。しかしそれは、女性の働き方による違いもありました。

正規雇用フルタイムで働いている女性は、平日の帰宅が遅くなりがちです。夕ご飯の支度《したく》に長い時間をかけられません。そのかわり、働いていることで収入が比較的多くなります。そこで、宅配サービスを利用して買い物の手間を省いたり、少し高くても健康によさそうなお惣菜を買ったりして、手作りにかける時間を節約していたのです。家事に時間をかけるよりも、子どもと遊ぶことに時間を使いたいという声も聞かれました。

一方、パートタイムや非正規雇用で働いている女性たちは、どちらかというと家計補助のために働いていて、家事や育児が中心のライフスタイルです。自分のアイデンティティも、キャリアより「お母さん」「ママ」であることに重きを置いています。そのため、食事作りという家事は母親である自分の責任だと考える傾向が見られました。生活に経済的余裕のある世帯では、パートタイムや専業主婦の女性たちは家事に時間をとり、正規雇用フルタイムで働く女性たちよりも丁寧に食事作りをする様子が見られま

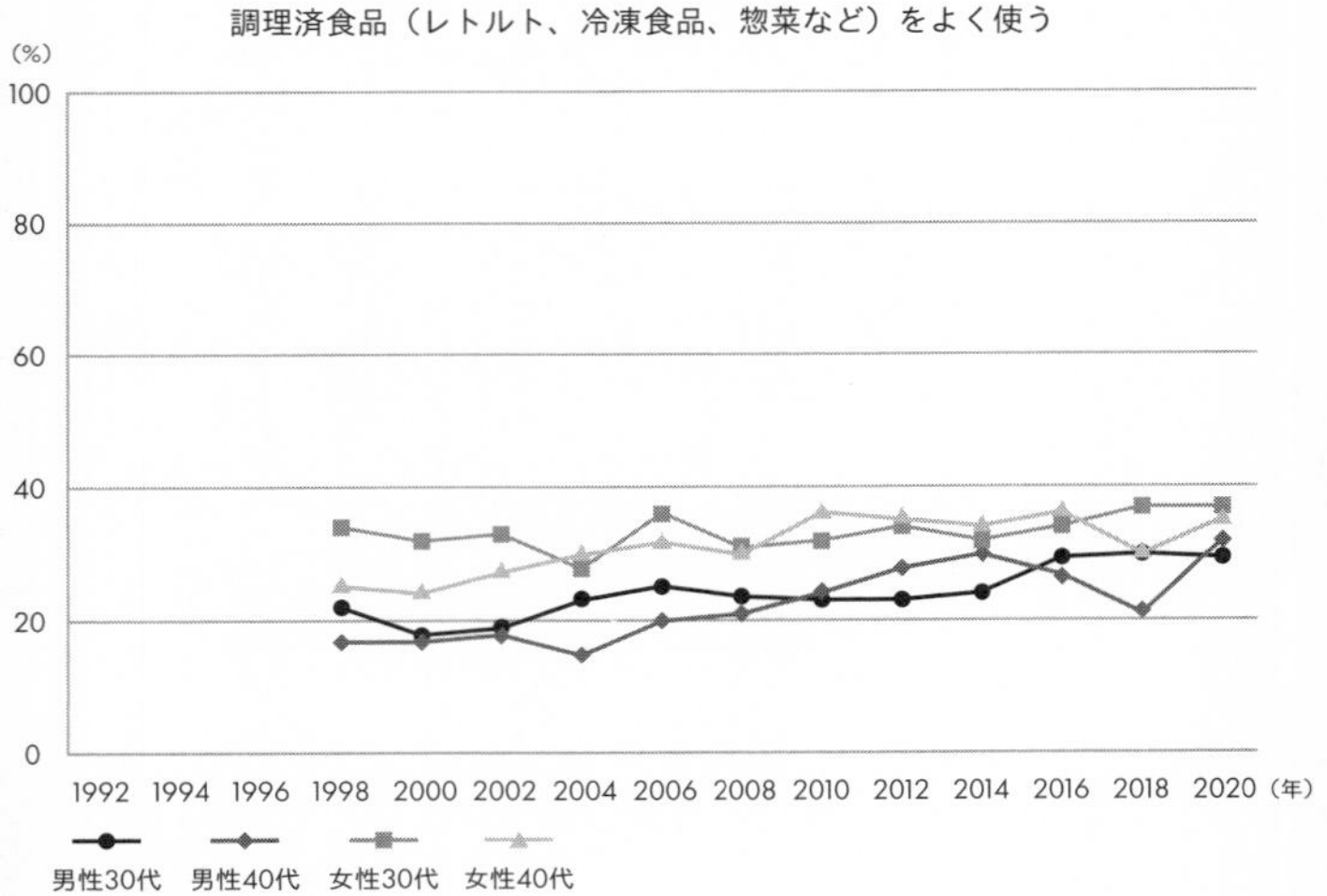

した。

「お袋の味」というノスタルジー

そういうと、手作りに時間をかけられない母親たちは、自分の「手抜き」に罪悪感を抱いてしまうかもしれません。でもちょっと待ってください。世界基準で見ると、日本のほうが独特だともいえます。そもそも欧米よりも、日本の女性の平均的な調理時間ははるかに長いのです。

食品会社 Merchant Gourmet の調査によると、イギリスの母親の大半は夕食に繰り返し同じ料理を出しているそうです。献立は主に9種類。「ピザ」「ミートソーススパゲティ」「ソーセージとポテト」「カレー」など簡単なもので、スーパーの総菜や「レンジでチン」料理も含まれます。そのうえ、月曜日はピザ、火曜日はスパゲティというように、曜日ごとの料理が決まっているそうです。「いろいろ作ってみたって、子どもは好き嫌いがあって食べやしないし」と、あっさりしたものだそうです。美食の国でも同じ。フランスでは夕食はパスタ、キッシュ、ロースト、ハム、サラダ、スープなど簡単なもので、持ち帰り総菜もよく使われるそうです。台湾や香港では屋台の持ち帰りや外食が多いようです。そして、時間のある週末に食事を手作りし家族や客とゆっくり楽しむのです。

日本のように、女性が平日夜に「愛情を込めて手作り」「一汁三菜」ということをやっている国の方が、実は世界では珍しいようです。手のかかるキャラ弁などは珍奇な風習ともいえます。国によってはランチバッグにりんごとクッキーをいれて「ハイ、できあがり」です。家事のレベルを落としたからといって、罪悪感を持つ必要はまったくないのです。

こういうと、女性の手作りは日本のすばらしい伝統や文化ではないか、と思うかもしれません。しかし歴史を遡ってみると、実は、「手作り＝愛情」という考え方は比較的新しいものなのです。明治期の中上流階層の家庭では、食物を扱うことは「卑《いや》しい」とする意識があり、家事使用人が食事を作ることが多かったのです。また、必ずしも妻が食事を作るわけではなく、庶民《しょみん》であれば、姑《しゅうとめ》が調理を担当し、嫁は田畑の仕事をする家族もありました。階層や地域によって食事作りを担当する女性は異なっていたのです。大正期になって新中間階級の主婦にあるべき「家庭料理」が受け入れられるようになり、高度成長期にＮＨＫ『きょうの料理』などテレビ放送が家庭における手作りを推し進めたのです。
地域や時代によって、手作りの価値や意味は変化します。今の日本では、フルタイムで働き続ける女性が増え、調理済み食品の利用が増えつつあるからこそ、失われつつある「お袋の味」をめぐって、人びとが感情的になりやすいのでしょう。これから先、子育て中の女性の働く環境が整えられ大半の女性がキャリアを継続できるようになれば、「母親の手作り＝愛情」規範は過去のものとなり、夕食作りのプレッシャーから解放されていくのではないでしょうか。

藤田結子（ふじた・ゆいこ）
明治大学商学部教授。米国コロンビア大学Ｍ．Ａ．（社会学）、英国ロンドン大学でＰｈ．Ｄ．（メディアコミュニケーション）を取得。２０１６年から現職。専門は文化、メディア研究。人びとの観察を行う「エスノグラフィー」という手法で調査。主な編著に『文化移民――越境する日本の若者とメディア』『ワンオペ育児』等。毎日新聞経済プレミア「イマドキ若者観察」、日経ＭＪ「ジェネレーションＺ」等連載。

棚橋弘至

プロレスに見る平成の考察

新日本プロレス「100年に一人の逸材」棚橋弘至です。2021年にキャリア22年目を迎えました。いつのまにかベテラン枠に入っていました。今回は、その22年の間に経験し、感じたことを通して、「時代と新日本プロレス」というテーマを考えてみます。

「プロレスは時代の写し鏡である」と、そう言われて来ました。確かに、景気の影響を受けやすいというのはエンターテイメントの宿命でもあります。しかし、必ずしも景気がよいとは言いがたい現在も、こうしてプロレスが続いている理由があるはずだと、僕は考えます。なので、平成の間のプロレスを振り返ることにより、見えてくるであろう「時代を生き抜く強さ。一体、その正体は何か」を考えていきたいと思います。

時代とプロレス

２０２２年に創立50年目を迎える新日本プロレス。しかし、その道のりは平坦なものではありませんでした。ご存知ない方もいらっしゃると思うので、簡単に歴史を振り返ります。

- 1972年、アントニオ猪木《いのき》氏が新日本プロレスを旗揚げ。テレビ朝日のゴールデンタイムにプロレス中継があったこともあり、空前のプロレスブームを迎える。
- 80年代後半、人気選手の離脱なども あり経営状態が悪化。
- 90年代、テレビ中継が深夜帯に移行。これにより、新規ファン層の拡大は難しくなるが、ゴールデンタイムでプロレスを観ていたファン層が成人したこと、闘魂三銃士（武藤、蝶野、橋本）の活躍、東京ドーム大会の定期開催などもあり、当時の最高利益を記録する。

- 2000年代（棚橋が1999年4月に入門）。人気選手の大量の離脱、総合格闘技の台頭もあり、プロレス人気が低下。それにともない観客動員も悪化。自力経営が難しくなり、ゲーム会社ユークスの子会社となる。
- 2004〜2008年、過去最低の利益を更新し続ける（2006年、棚橋が初めてIWGPヘビー級王者になる）。
- 2009年以降、少しずつ観客動員が増え始める。
- 2012年、親会社ユークスがブシロードに株式を譲渡。親会社が変わる。

そして、2012年以降は、ブシロードのあらゆる広報戦略により、新規ファン層の獲得に成功（特に若年層）。過去最高利益を年々更新しながら令和を迎える。

と、こういった感じで、時代の変化にともない、かなりのアップダウンを繰り返して、現在に至っています。

なぜ新日本プロレスの人気は下がったのか

プロレスは衣食住と比べて生きていく上での優先順位は低いと考えられます。それにプラスして、2000年以降はエンターテイメントの多様化もあり、プロレス以外にも楽しめるコンテンツが増えました。

ちょうどその頃、1999年に入門した僕はリアルタイムで、人気が下がり続けていく新日本プロレスにいました。そこで経験したのは、会場に並んでいる椅《い》子《す》席の数が目に見えて減っていったこと。試合が盛り上がらず、熱量に欠けていたこと。そして「面白くなければ娯《ご》楽《らく》ではない」というシンプルなダメ出しを世間様から突きつけられたような気持ちでした。トレーニングをしっかりやり、試合も全力。それでも、どうにもならない現状に「プロレスラーは試合だけしていればいい時代は終わったのだ」と、僕は気が付きました。そこで、思い出したのは、僕がプロレスに夢中になったきっかけでした。「なぜ棚橋はプロレスを好きになったのか?」。そこにこそ復活のヒントがあるはずだと。

武藤敬司《むとうけいじ》がカッコよかったから。筋肉に憧《あこが》れたから。受験勉強の息抜きになったから。実はどれも正解なのですが、それ以前に大切なことがあったのです。そう、それは「たまたまテレビでプロレス中継を観たから」でした。プロレス番組が深夜帯に移行したことにより、若年層はプロレスというジャンルを知らなかったのです。これでは、観客動員が増えることはありません。普通に考えて、さらに下降していく様が容易に想像できてしまいました。その当時、その危機感を持っていた選手が僕しかいなかったのです。会社のスタッフが「頑張っていればお

特に見たい番組がなくても、テレビをつけていることが多い

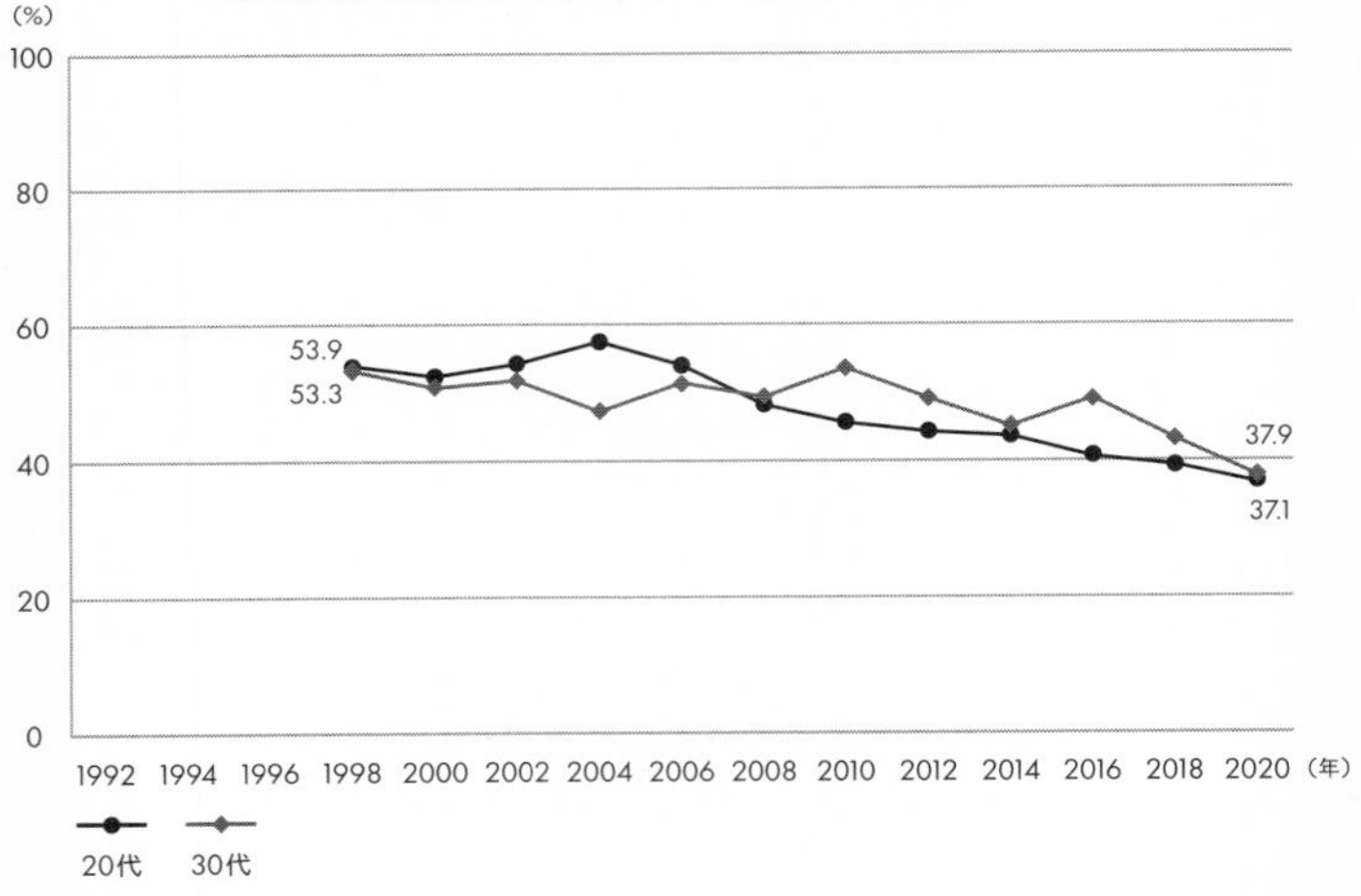

客さんは戻ってくるよ」と、僕に声を掛けてくれることもありましたが、そこに感じた違和感に答えのヒントがありました。「戻ってくる」のを待つのではなく、こちらからプロレスをお届けするしかないと考えました。「特に見たい番組がなくても、テレビをつけていることが多い」という「生活定点」データからも分かるように、30代以下の若年層でテレビをつける機会が減っている傾向が見られます。つまり、テレビ放送からプロレスに興味を持ってもらう機会が減っているのです。

そうして、棚橋は様々な媒体のプロモーション活動に力を入れるようになっていくのです。

プロモーションと3年後理論

僕が初めてIWGPヘビー級王者となった2006年。新日本プロレスの経済状況は底の底にありました。しかし、このタイミングでチャンピオンになった意味があるはずだ！と、拡大解釈して、毎日を全力で生きることに決めました。

自分に決めたルールは1．誰よりも練習をする。2．弱音は吐かない。3．プロモーション活動を始める。この3つでした。

チャンピオンである僕が、休日返上で誰よりも練習をして、プロモーション活動をすれば、選手全体の士気が上がると考えたのです。「棚橋を超えるには棚橋以上に頑張らないとダメ」という見えないプレッシャーを他の選手たちに与え続けたわけですね。

そう。プロレスラーが練習だけしていればいい時代はとっくに終わっていたのです。

2006年以降は試合がある土地に事前に行き、テレビ、ラジオ、タウン誌、新聞などあらゆるメディアで大会を告知。僕自身もブログ（2009年〜）、Twitter（2012年〜）、Instagram（2013年〜）と、あらゆるソーシャルメディアを駆使して、プロレスを広め続けていきました。2014年以降のデータですが、特に20代〜30代は、情報をソーシャルメディアから得ているという、その傾向ともマッチし、プロモーション効果を上げることができました。

こうして、プロモーションと試合を繰り返していく中で、ある法則性に気が付きました。僕はそれを「3年後理論」と呼んでいます。2006年の頑張りは2009年に。2009年の広がりは2012年にと、プロモーションの効果が本当に出てくるのは3年後なのでした。もちろん、それはリング上の面白さとリンクしていて、面白くなければ観客動員が下がり始めるのも同じく3年後ということが言えます。この理論で考えると、コロナ禍が始まった2020年から3年後の2023年辺りが、この先、一番観客動員に苦しむことが予想されます。会場で声を出して応援をすることが出来ない今、盛り上がりやファンの方々の熱狂を生み出すことが難しいからです。

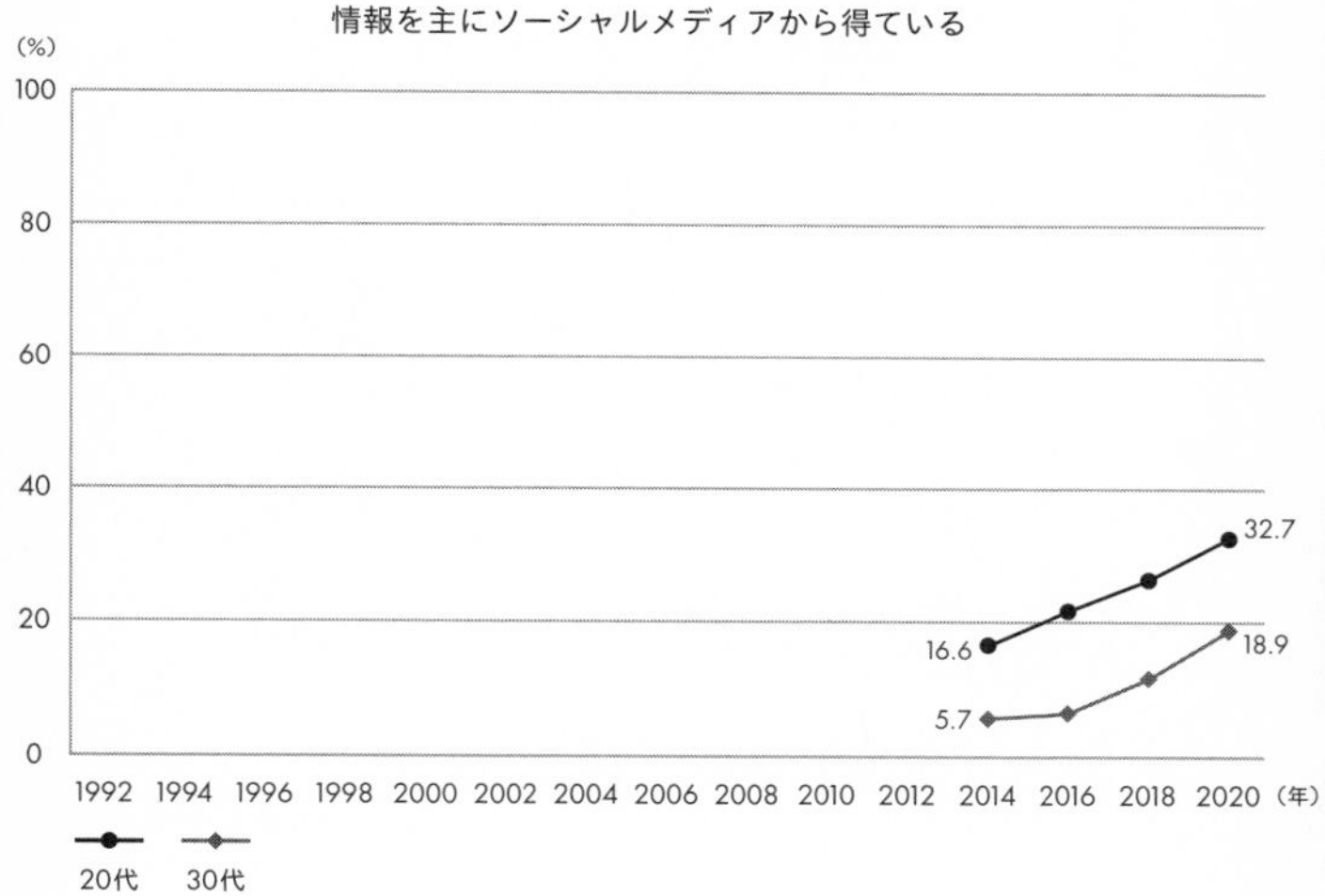

プロレスから学んだこと

今、プロレスに限らずあらゆるエンターテイメントが苦戦をしています。それは、この先もまだしばらく続くことになるでしょう。しかし、近年の「生活定点」データを見ると、家計の中から「ライブやイベント・フェスなどにお金を使いたい」という人が増え始めています。

今後、人生を充実させる体験に消費行動が向かうと、僕は予測します。特にコロナ禍の現在、色んなことを我慢して生活している現状があります。「プロレスを観に行きたいけど、行けない」というメッセージもたくさん受け取っています。なので、僕たちは、どんなに苦しくても弱音を吐かず、リングに立ち続けようと思います。

プロレスという競技の特性として、ときには相手の技をくらい、ダメージを受けながらも立ち向かっていきます。そこに、人生を生き抜くヒントがあるのかもしれません。苦しい中でも諦《あきら》めずに勝利を目指す姿は、色んな日常や職種にも落とし込むことができるからです。ギブアップ寸前。3カウントも取られてしまいそうな状態でも諦めない。カウント2・9で返せば、まだ負けじゃない。そう、NEVER GIVE UP!

苦しい時代を何度も乗り越えてきたプロレスというジャンルが、また立ち上がり、そこにあり続けること。それが「できる」と、信じられるのは、やはり平成に新日本プロレスを立て直した知識と経験値が残っているからです。

僕達、プロレスラーという存在が、みなさんの生きるエネルギーになれたらと、今日もバーベルを持ち上げます。

棚橋弘至（たなはし・ひろし）

1976年生まれ。岐阜県大垣市出身。立命館大学卒業。キャッチコピーは「100年に一人の逸材」 1999年に新日本プロレスに入門し、同年10月にデビュー。IWGPヘビー級王座、G1 CLIMAX優勝、プロレス大賞MVP受賞など数々のタイトルを獲得し「新日本プロレスのエース」として団体を牽引。2019年にはIWGPヘビー級王座最多戴冠記録を樹立した。

倉田真由美

いくつになっても恋愛したい

本当に世界は変わった。

太古から、人間は「道具の出現」により劇的な変化を遂げてきた。武器の出現で、「弱い個体が強い個体を倒す」ことが可能になり、コミュニティのあり方が大きく変わった。火の出現では、食事は勿論《もちろん》、生活スタイルが変わった。その後も様々な道具の発明と普及により私たちは生活、そして意識を変えてきた。20世紀末に出現した最大の「道具」、インターネットの普及で人々はまた大きく変わった。

2021年、五十代になった私は、二十代までをインターネットなしの世界で生きた。つまり、物心がついて約半分をインターネットなし、半分をインターネットありの世界で生きたことになる。私の世代は最もインターネットによる世界の変化に自覚的になれるのではないだろうか。私の親世代は仕事や生活でインターネットを十分活用した経験がなく、インターネット普及と共にあった世界の変化をリアルタイムで感じていない人も多い。また、私の子供世代は逆にインターネットがなかった世界を知らないので、変化に気づきようがない。彼らは最中にいたが、ゼロ地点を体験していないのでただ強化されていく変化をゆるゆると受け入れていっただけである。

インターネット出現・普及で変わったことは枚挙にいとまがないが、「人々の意識の変化」もこれに当たる。ただ時間が経ってなんとなく変わっていったのではなく、明らかにインターネットの出現がきっかけになったものも多い。例えば、「生活定点」調査の「恋愛・結婚について、あなたにあてはまるものを教えてください。」という質問に対して、「いくつになっても恋愛をしていたい」と答えた人は、インターネットが普及した平成の時代、インターネットの活用度と反比例するように減少の一途をたどっている。「いくつになっても恋愛をしていたい」と答えた人は、ネットの活用度（例えばオンラインショッピングの普及）に反比例して減少の一途をたどっている。これは、細かい声も拾えるというネットの特性も影響しているのではないかと私は考えている。つまり「多数派が補強されていく」、そして「マナーや正義らしく見えることが多数派になっていく」のだ。

「いくつになっても恋愛していたい」というのは、私が十代だった八十年代頃には普通に言われていた価値観の一つだった。雑

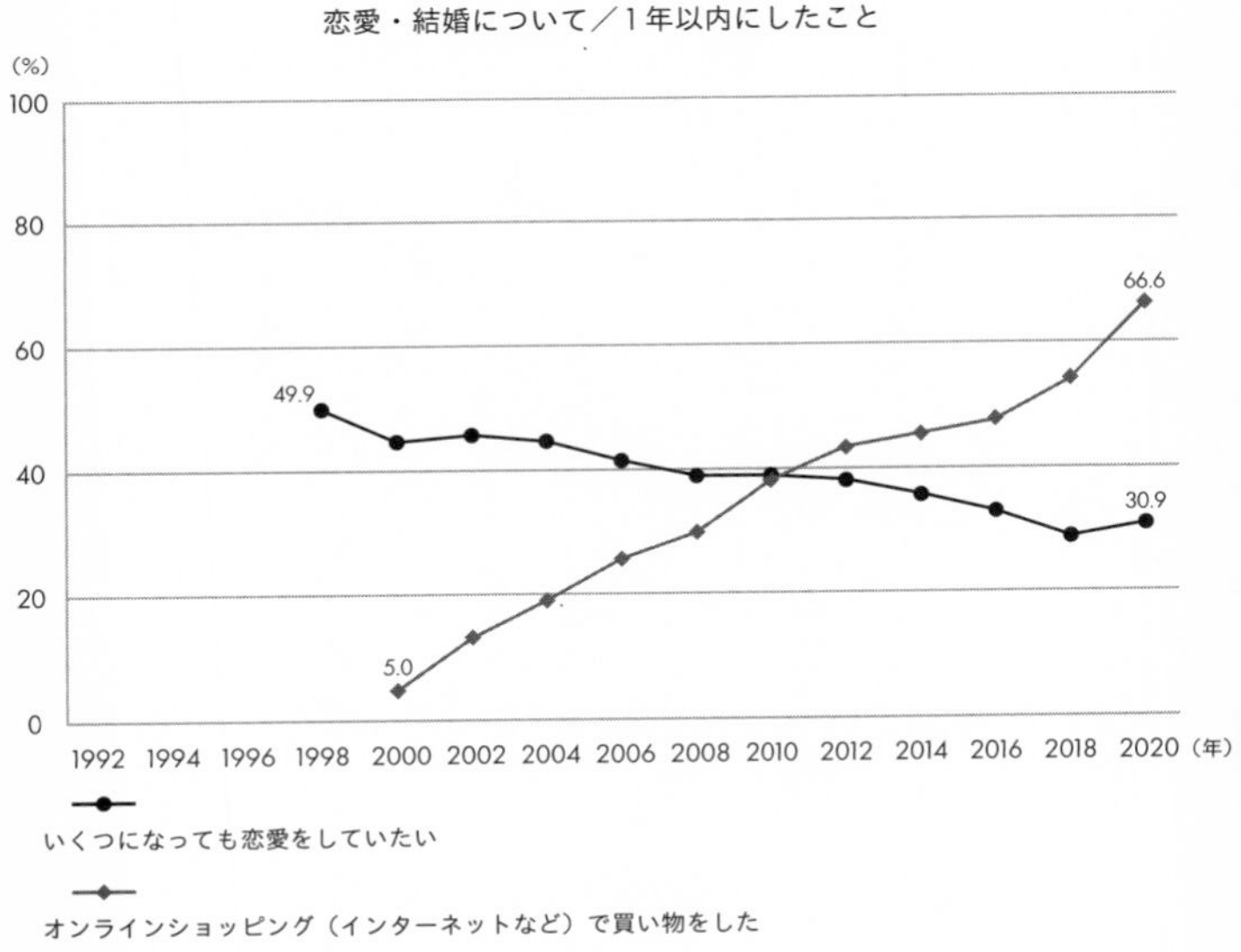

誌は勿論、ドラマや漫画、小説の中にも当たり前に出てきていた、「恋愛は楽しい。歳を重ねても諦めたくない」という主張。ドラマの主人公が、女優が、堂々と言い放っていた。そしてその生き方に一般の我々も首肯し、憧れていた。更に付け加えると、全世代を通して「恋愛」の重要度が高かった。楽しいこと、時間を費やせることの種類が今よりも少なかったせいもあるだろう。

しかし、今や「恋愛」のポジションが激変した。凋落《ちょうらく》した、と表現してもいいかもしれない。そもそも恋愛に於《お》いては、理不尽と言えるほど強者と弱者に差がある。強者こそ日常的に、それこそ何度でも何歳でも恋愛を楽しめるが、弱者にとっては憧れてもなかなか手に入れられない、現実に手に取って楽しめないものだ。そして、存外弱者の数は多い。

人生で一度でも恋愛できたら幸甚《こうじん》な恋愛弱者にとって、「いくつになっても恋愛したい」などというのはとんでもない贅沢以外の何物でもなく、恋愛強者たちの戯言《ざれごと》に過ぎない。そして弱者とまでは言えなくても大多数の人にとっては「憧れているが実際には難しい」代物でもある。カッコいい女優であれば死ぬまで恋愛し続けられるかもしれないが、自分には無理だろうな……と、内心諦めてしまっている場合がほとんどだろう。そしてそこには当然、「あの人たちだけいい思いして」という妬《ねた》みや嫉妬のような感情もある。インターネット登場前、テレビと雑誌しか遠くの人の声を伝える手段がなかった時代はそんな負の感情が、取り上げられることなどあり得なかった。

ところが、事情が変わった。ちまたの誰も知らない誰かの声が世界中に届くようになってしまった。先にも書いたが、ネットで小さな声を掬い上げるということは、常に多数派が少数派を圧倒するという事態を招く。そして日本の世の常は「多数こそ正義」だ。憧れながらも苦々しい気持ちを抱いていた「いくつになっても恋愛勝ち組 people」に、「いい年齢になって恋愛だなんて恥ずかしい」というレッテルが貼られていくことは自然な流れだった。

不倫について不寛容になってきたのも、まったく同じ理由だ。芸能人の不倫ネタは今も昔も芸能ニュース人気コンテンツだが、昔に比べて今の不倫叩きは随分と勢いが激しい。不倫を笑いや文化の一つとして誤魔化《ごまか》せる余地があった頃と違い、昨今の不倫叩きは強烈で、中には表舞台から退場させる力を持った「一撃必殺」となる場合もある。

不倫なんか遥《はる》か昔から珍しくもなくどこででも起きていることだが、やはりそんなことをやれる人は恋愛勝ち組であることには違いない。自分とはまったく関係ない人の不倫を憎む理由はいくつかあるが、主に「(自分ができない)いい思いをしている人に対する嫉妬」と「自分のパートナーに手を出されるかもしれない恐怖」が大きいだろう。

昔であれば、「ちっ、うまいことやりやがって」と各人が胸の中で舌打ちしたり、「こんなヤツにパートナーを寝取られたらどうしよう」とひっそり不安を覚えたりする程度で終わった。しかし、今はそれを文字化して主張できてしまう。道徳的正義感を盾にすれば、いくらでも悪口は言える。結果、「不倫は絶対悪！　磔《はりつけ》！　国外追放！」ほどの勢いの強い怒りの塊ができ上がり、ネット世界の中は怨嗟《えんさ》の声で満ちる……そして、不倫がバレたタレントは仕事を干されたりワイドショーで激しく吊《つる》し上げられたりすることになる。

「いくつになっても恋愛したい」は不倫とは違うが、年齢を重ねても干上《ひあ》がらない人に対して羨望《せんぼう》とともにある種の警戒感と蔑《さげす》みを感じる人は多いだろう。羨《うらや》ましい気持ちもある一方で、いや、羨ましい気持ちがあるからこその、いつまでも猟場《りょうば》にいる人に「いい歳してまだやってるの」という馬鹿にしたような視線。道徳的正義感こそ発動しないが、代わりに日本人的な「年齢相応であることこそ美徳」という発想が盾になる。

「そんな年齢でミニスカート穿《は》くなんて」と眉をひそめるというのは典型だ。中年以降の世代に対する、「あなたたちはもう性的な役割が終わった人。慎ましく地味に生きましょう」という暗黙のメッセージ。本来、「年齢」に「相応」など特に決まっていないはずだが、勝手に決めつけて他者を嘲笑《あざわら》ったり非難したりする。この負のエネルギーが「いくつになっても恋愛する人」に「いい歳をして恥ずかしい人」というレッテルを貼り付け、貶める。そしてそれを感じた若者は、「恋愛するのは若者だけの特権なのだ、中年以上は隠居すべし」と思い込むようになっていく。

寂しいことだ。私は今年五十路で、はっきり言って「いい歳」だ。夫もいるので今更「恋愛したい」と大きな声では言えないが、「いくつになっても恋愛したい」という人は全力で応援したい。わくわく前向きに人生を楽しもうとする、それも自分と年齢が近かったりもっと上だったりする人に、愛を感じずにはいられません。

五十年生きてきて、恋愛ほど楽しく心が浮き立つことは他になかなかない、と知っている。可能であれば、それを死ぬまで味わい尽くしたいと思うのは自然なことだ。自分がしてもしなくても、素直に憧れるという気持ちを大事にしたい。これは多勢に迎合しないということでもあり、大衆が一方向に向かいやすい現代、案外重要なことだと思っている。

倉田真由美（くらた・まゆみ）
漫画家。1971年生まれ、福岡県出身。一橋大学商学部卒業後、講談社ヤングマガジン『ギャグ大賞』に応募して大賞を受賞。2000年、ダメ男を好きになる女たちを描く『だめんず・うぉ～か～』がブレイク。ドラマ化もされ、「だめんず」も流行語になり、一躍時の人に。以降、漫画やエッセイなどの執筆活動の他、テレビ、ラジオ出演、講演、トークショーなど多方面で活躍中。ミステリ漫画『凶母（まがはは）～小金井首なし殺人事件16年目の真相』各電子書籍で配信中。

熊代亨

平成30年間の時代の変化とメンタルヘルス

平成の30年間のうちに、精神医療の現場が大きく変わり、私たちのメンタルヘルスのありようも大きく変わりました。そうしたことについて、「生活定点」調査のデータも交えながら述べてみます。

まずはストレスに対する感覚について、「生活定点」を覗いてみましょうか。①「精神的に疲れを感じていることが多い」のグラフをみると、1992年で41・5%、2020年で39・1%とほぼ横ばいの状態が続いています。②「ストレスを感じる」のグラフをみても、74・6%から72・0%と同様です。これだけみると、平成の30年間に私たちのストレスはあまり変わらなかったか、微減したようにみえます。

ところが精神科の統計データを眺めると、世の中が全く違った風にみえます。厚生労働省『患者調査』によれば、精神科を受診する患者さんの数は平成時代をとおして右肩上がりに増え続けました。（次ページの引用グラフ）をみれば一目瞭然ですが、平成11年から平成26年の間でざっと2倍、現在では400万人以上の方がメンタルヘルスの病気でなんらかの医療機関を受診しています。精神科病院に入院している方の数

健康について／ストレスを感じるか

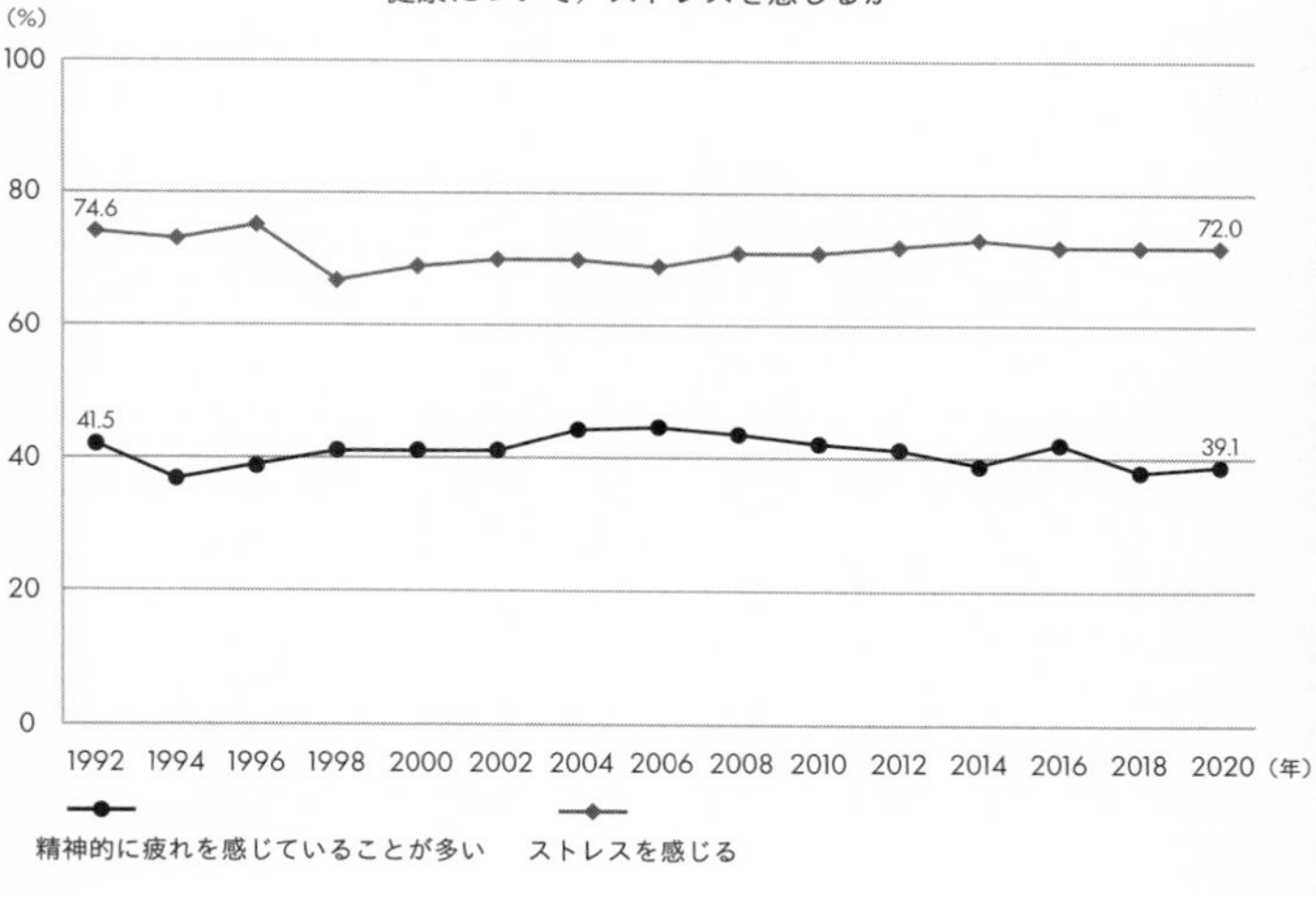

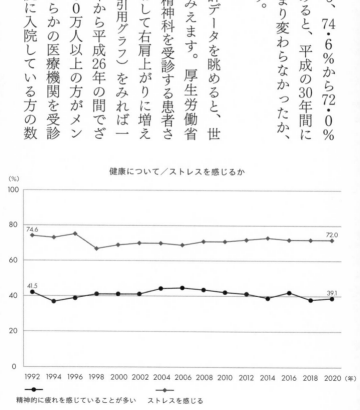

こそ減り続けているものの、外来を受診している方の数は急激に増加しているのです。こちらの統計をみると、生きづらさやストレスが急増しているようにみえます。いったい何が起こったのでしょうか。

精神医療の側から考えると、外来患者さんの急増は長年の努力の成果だ、と言えるかもしれません。昭和時代の精神医療には「不治《ふじ》の病」「一度入院したら出られない」といったネガティブなイメージがついてまわり、実際、精神科病院への平均在院日数は優に400日を超えていました。平成のはじめ頃はメンタルヘルスの病気に対する偏見は今よりずっと

精神科を受診する患者の疾病別内訳

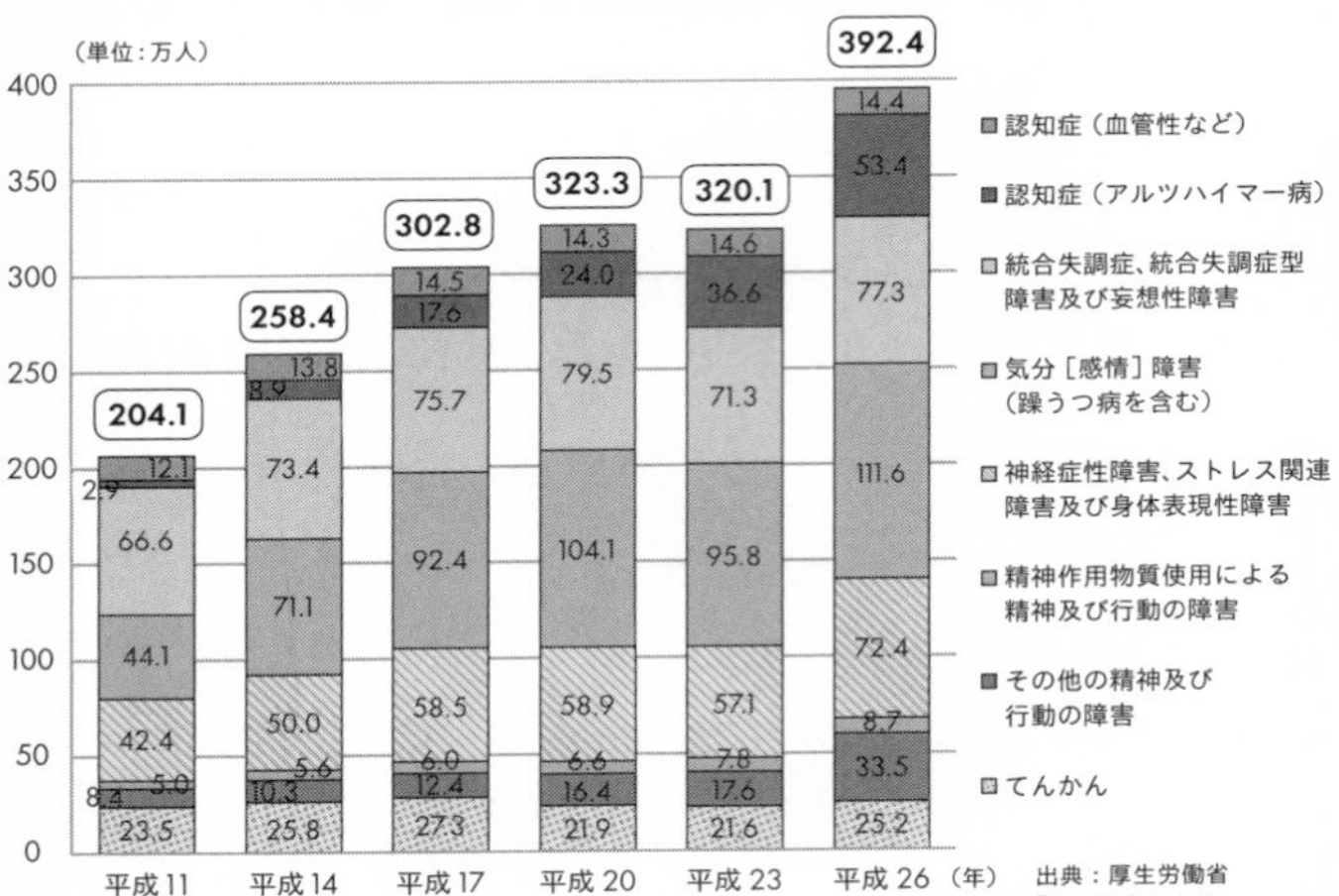

出典：厚生労働省『患者調査』より

強かったため、取り返しがつかないほど病状が進んだ後に受診する方も少なくなかったのでした。

そうした状況のなか、精神医療に携わる先人たちはさまざまに取り組んできました。精神保健の法律を改正する・国際的な診断基準を導入する・長期入院を減らせる制度づくりを進める・偏見まみれになってしまった病名を変更する、等々の改革が行われ、より開かれた、より公正な精神医療が実現するようになりました。平成10年頃からは副作用の少ない薬が相次いで登場し、メンタルクリニックの開業ラッシュが起こったことも相まって、うつ病などの治療はより敷居が低く、より苦しくないものへと変わりました。

また、厚生労働省のグラフからも読み取れるように、高齢化社会の到来によって認知症の患者さんが増加したこと、自閉スペクトラム症や注意欠如多動症や限局性学習障害といった発達障害が広く知られるようになり、診断と治療の需要が生まれたことも精神科を受診する患者さんの数を増大させた、と言えるでしょう。

「生活定点」調査のデータと『患者調査』のデータの辻褄を合わせるとしたら、どう考えるべきでしょうか。私なら、「ストレスを感じる人は今も昔もそれほど変わらないが、ストレスを感じるようになった時、精神医療を利用する人・利用せざるを得ない人が増えた」と想像したくなります。同じく「生活定点」によれば、③「病院に行かずに健康相談できる人が身近にいてほしい」の割合は、調査が始まった1998年から2020年の間に大きく低下しています（29・6％→16・8％）。ストレスやメンタルヘルスなど健康上の問題が生じた時、平成のはじめの人々は身近な人に相談したいと思っていたようですが、平成の終わりには、身近な人に相談したいとはあまり思わなくなったようですね。

同じく1998年から2020年の間に④「ストレスを感じる理由は何ですか？［ストレスを感じると答えた人のみ回答］」という質問に対し、「家庭での人間関係にストレスを感じる」と答えた人が25・4％から34・3％に増加したことをみるにつけても、ストレスやメンタルヘルスの悩みは身近な誰かと一緒に抱えるものから、精神医療の専門家に委《ゆだ》ねるものに変わっていったさまがみてとれるように思います。

では、ストレスやメンタルヘルスの悩みを精神医療の専門家に委ねるのが当たり前になった今の状況は、望ましいものなのでしょうか。

素人の生兵法で大けがを生むことが無くなった点や、メンタルヘルスの病気を早期発見・早期治療できるようになったという点では、間違いなく望ましかったと言えます。うつ病や統合失調症の治療では早期発見・早期治療が大変重要です。発達障害は早い段階で発見できれば子どもにあわせた治療や養育ができますし、認知症も早期発見・早期治療によって余生を豊かにしたり介護者の負担を減らしたりできます。メンタルヘルスの問題を精神医療が広くカバーするようになったことで、多くの患者さんの生活の質が向上しました。

だからといって、望ましいことばかりだったとは言えない、とも私は考えています。精神医療の充実に加え、平成30年の間に私たちはハラスメントやいじめの対策を積み重ね、ブラック企業を取り締まり、過度の残業を撤廃するよう努めてきたはずなのに、①「精神的な疲れを感じていることが多い」や②「ストレスを感じる」と答える人の「生活定点」のパーセンテージはほとんど変わっていません。③「病院に行かずに健康相談できる人が身近にいてほしい」や④「家族での人間関係にストレスを感じる」のデータまで踏まえるなら、私たちは平成以前に比べてメンタルヘルスの問題を自力では解決できなくなり、家庭や職場や学校でも抱えきれなくなっているようにみえます。総じてみれば、個人や家庭や職場や学校からメンタルヘルスの問題を解決したり抱えたりする機能が失われてきているのではないでしょうか。

あるいは社会変化に伴って、私たちはより好ましいメンタルヘルスの状態をお互いに期待しあうようになり、より細かなメンタルヘルスの不調まで問題視しあうようになった、そのニーズに応えるべく精神医療が充実した……とも言えるかもしれません。平成元年の社会に比べて令和元年の社会はずっと進歩し、過ごしやすくなったはずなのに、いや、ずっと進歩し過ごしやすくなったからこそ、私たちはその進歩にふさわしいメンタルヘルスの望ましい状態を維持しなければならないよう、強いられているようにも、私には思われるのです。

メンタルヘルスの不調の早期診断・早期治療が可能になったこと自体は望ましかったとしても、平成以前なら問題なしとされていただろうメンタルヘルスのコンディションまでもが病気とみなされ、治療されなければならなくなったのは本当に望ましいことだったのでしょうか？　たとえば発達障害の診断と治療が推し進められ、さまざまな福祉的オプションが利用可能になったこと自体は望ましいと言えますが、発達障害の人がそれそのままでは活躍しにくい社会が到来したことまで望ましいと言って構わないのかは難しい問題です。

より沢山の人が精神医療のサポートを得られるようになったこと自体は望ましくても、より沢山の人が精神医療のサポートを受けなければならない社会、より沢山の人が精神医療のサポートなしでは生きていけない社会が到来することは、手放しで喜んではいけないように思います。また、精神医療のサポートを得られるようになったといえども、学校も職場も、社会も個人もメンタルヘルスの問題を解決したり抱えたりできなくなっているのは、それはそれでひとつの問題でしょう。

こうした視点で平成30年の社会の変化とメンタルヘルスを振り返るなら、獲得したものだけが大きいのではなく、喪失したものもきっと大きかったのだろうと、私は思わずにいられません。

熊代亨（くましろ・とおる）

1975年生まれ。信州大学医学部卒業。精神科医。地域精神医療に従事しながらブログ『シロクマの屑籠』などで現代人の社会適応やサブカルチャーについて発信している。著書は『ロスジェネ心理学』（花伝社）、『「若作りうつ」社会』（講談社現代新書）、『何者かになりたい』（イースト・プレス）など多数。

常見陽平

私たちは自由な働き方ができたのか

平成の30年　島耕作が象徴する「自由な働き方」

「え、部長になられたんですか？」

2000年頃、『部長島耕作』の最新作がないか書店員にきいたところ、こんな返事が返ってきた。まるで、共通の知人が出世したような話になってしまった。

1984年に連載がスタートした『課長島耕作』は平成の約30年間で部長、取締役、常務取締役、専務取締役、社長、会長と出世した。そして、令和元年となり、彼は相談役に退《しりぞ》いた。今も連載は続いている。

よく、「成功・出世・情愛のトリコロール」などと言われるシリーズである。作品自体は平成のビジネス界を実によく描いている。平成不況も、グローバル競争も、M&AもITビジネスの拡大も、多様な人材の活躍も、すべて盛り込まれている。特に部長編の中盤あたりからは、ビジネス雑誌の漫画版のようなつくりになっていった。

課長時代の島耕作の名セリフといえば、「いやな仕事でえらくなるより、好きな仕事で犬のように働きたいさ」であり、実際に友人・知人や部下にベンチャー企業に誘われるシーンや、独立していく仲間を見守るシーンがある。自由を会社の中で実現することができるのか、なぜ人は会社で働くのかが描かれていた。

国民的漫画のテーマでもある、「働く人と自由」について考えよう。平成の約30年間で働き方の自由度は高まったかのようにみえる。働き方改革が叫ばれたし、カジュアルウェアで働く企業も増えたように感じる。2020年春の新型コロナウイルスショックで、テレワークが広がったが、それ以前もこの働き方は広がりをみせていた。何度かの自由な働き方ブームがあった。

しかし、会社からの自由、解放は本当に実現したのか。考察しよう。

平成の働き方は何が変わったのか

まず、平成の働き方に関する主要トピックスを振り返りたい。平成の約30年間において、会社と個人の関係に関わる大きなニュースの中で、私は次の三つの論点を取り上げたい。①雇用の危機②雇用システムの見直し③働き方の見直しである。

まず、雇用の危機について論じよう。平成初期はバブル経済の真っ只中だった。それが崩壊、終焉を迎えた。若者世代を中心に、90年代前半から00年代半ばにかけて就職難となり、「就職氷河期」と呼ばれる時代が続いた。この言葉の初出は92年で、94年にユーキャン新語・流行語大賞の部門賞を受賞している。しかし、事態がより深刻化したのは00年代に入ってからで、00年代前半には、大卒者で就職も進学もしない人が約2割という年もあったほどだ。その後、一度求人は回復したが、08年にはリーマンショックが起こって、再び景気の悪化と就職難が訪れる。派遣切りが深刻化し、生活が困窮した人を助けるために年越し派遣村が実施されたのは08年の年末から09年の年始にかけてである。その後、平成の後期は売り手市場で推移したものの、平成の約30年間で何度かの雇用の危機があったことが論点の一つ目である。

次に、雇用システムの見直しも行われた。95年には、当時の日経連がそれまでの社員像を見直す『新時代の「日本的経営」』を発表し、仕事の内容、労働条件などを明確に決めることを提唱した。令和の我が国で検討課題となっているジョブ型雇用にもつながる話である。ただ、この路線変更が派遣社員など非正規雇用拡大の論拠となったとの見方もある。

特に女性を中心に非正規雇用が拡大したのも、平成の約30年間の特徴だ。昭和末期の1987年に生まれた「フリーター」という言葉も、広がったのは平成に入ってからだ。いずれにせよ、社員のあり方を見直す動きが、平成の約30年間で何度も起こっていることを直視したい。

最後に、働き方の再検討も大きなトピックだ。たとえば平成後期に盛り上がりをみせ、労働法制の改正まで行われた「働き方改革」である。長時間労働の是正や、同一労働同一賃金などの他、高度プロフェッショナル制度のような労働時間という概念を切り離した働き方や、副業・兼業の促進、テレワークなどの拡大が模索された。その他にも、平成の後期には、家族の育児・教育や介護などに悪影響を与えないためにも、ワンオペ育児を防ぐためにも、転勤の見直しなどの動きがみられた。

このように、労働法制上もワークスタイルとしても自由で柔軟な働き方が広がる一方で、雇用不安も広がったというのが平成の30年である。ゆえに、会社と個人との関係も奇妙なものになる。一見すると会社から解き放たれた自由を志向するようで、結局のところ、会社に所属することによる安定を求めてしまうのだ。

自由な働き方ブームは「自由になれた気がした」だけ？

ここまでみてきたように、平成は「自由な働き方」が賞賛された時代だったが、それは働く人に本当の自由をもたらしたのだろうか。歴史を紐解いて再考しよう。

平成中期から後期にかけては、今では不安定な働き方として捉えられ、正社員との格差が問題となっている非正規雇用も自由で柔軟な働き方の一つと考えられていた。昭和の末期、1987年にアルバイト情報誌『フロム・エー』が、フリーランスで自由に動けるアルバイター＝「フリーター」という言葉を仕掛けた。「夢のために定職につかず、がんばっている人」というニュアンスの、ポジティブな言葉だった。私自身、2000年前後に転職情報誌の編集部に在籍していたが、当時、派遣社員は正社員と異なり残業が少ない、自分のペースで働くことができる、嫌ならやめることも簡単など、やはりポジティブに描かれていた。

他にも大きくメディアでも取り上げられたムーブメントでは、2010年頃に流行した、所属、時間、場所にとらわれない働き方「ノマド」というものがある。スマートフォンやノートPC、タブレットなどが普及した上、シェアオフィスやWi-Fi・電源などを完備したカフェなどが広がったため、このような働き方が可能となった。また、ノマドは働き方というだけでなく、生き方の意味も含んでいた。シェアハウスに住む、地方に移住するなど、その自由奔放な生き方が注目され、テレビ番組で特集されたりもした。

加えて、平成後期に世界的に注目を集めたのはギグワーカーである。主にネット上で依頼主と個人のマッチングが案件単位で行われ、働き、対価を得る方法だ。その代表的な例が飲食店の配達代行を行うUber Eatsなどのフードデリバリーサービスである。登録スタッフは、空き時間など、自分が働きたいと思った際にスマートフォンでアプリを開き、働くことができる。

その他、平成後期には「働き方改革」のムーブメントの中で、副業・兼業などを政府や企業が後押しする動きがあった。モデル就業規則が改定され、副業で働くことが前提のものへと変化した。これも自由で柔軟な働き方の一つである。

しかし、これらの働き方に問題がないわけではない。正社員との賃金格差や、不安定な働き方であるリスクなどが問題として指摘されている。本来、働き方改革における同一労働同一賃金の導入は格差是正につながるはずだったが、実質的な同一賃金の導入は難しい上、社員食堂の利用、各種手当など賃金以外の待遇の是正もこれからである。また、「自由な働き方」とはいうものの、現実には労働者が依頼主に対して弱い立場にあることが多いという権力関係の不均衡が存在し、ハラスメントにつながっているとの指摘もある。フリーランスが独立した存在であるにもかかわらず、依頼主の指揮命令系統のもとで働き、実質、労働者のように扱われる偽装請負問題は、世界的な問題になっている。

自由で柔軟な働き方は、いかにも自由人が自分の意志で働き自由を謳歌しているようにみえるかもしれないが、必ずしもそうではない。

平成は自由な働き方に注目が集まった時代ではあるが、今までみてきたような課題を抱えていることを認識しておきたい。

会社から個人は自由になれたか

では、働く本人たちの意識はどう変わったのか？　「働く人と自由」について、「生活定点」データもみながら考えてみよう。

「働きについて、あなたにあてはまるものを教えてください［有職者のみ］」という質問について確認すると、「同じ会社で仕事を続けたい」と答えた人の割合は、２００２年以降、40％台後半から50％台前半で推移しており、平成最後の２０１８

年（平成30年）の段階でも47・0％でその傾向は変わらない。また、最新の調査結果である2020年（令和2年）でも47・4％だ。平成初期から何度も「終身雇用」の「崩壊」や「脱却」が叫ばれたが、人々の意識はほぼ変わらなかったことがわかる。

この項目の対となる「キャリアアップのためには、会社を替わってもかまわないと思う」と答えた人の割合は2000年（平成12年）の38・3％を底に平成の中期ではほぼ横ばいの動きだったが、後期にかけて徐々に上昇し、最新の2020年（令和2年）のデータでは52・9％だ。

しかし、性急に「会社員は会社から離れて働

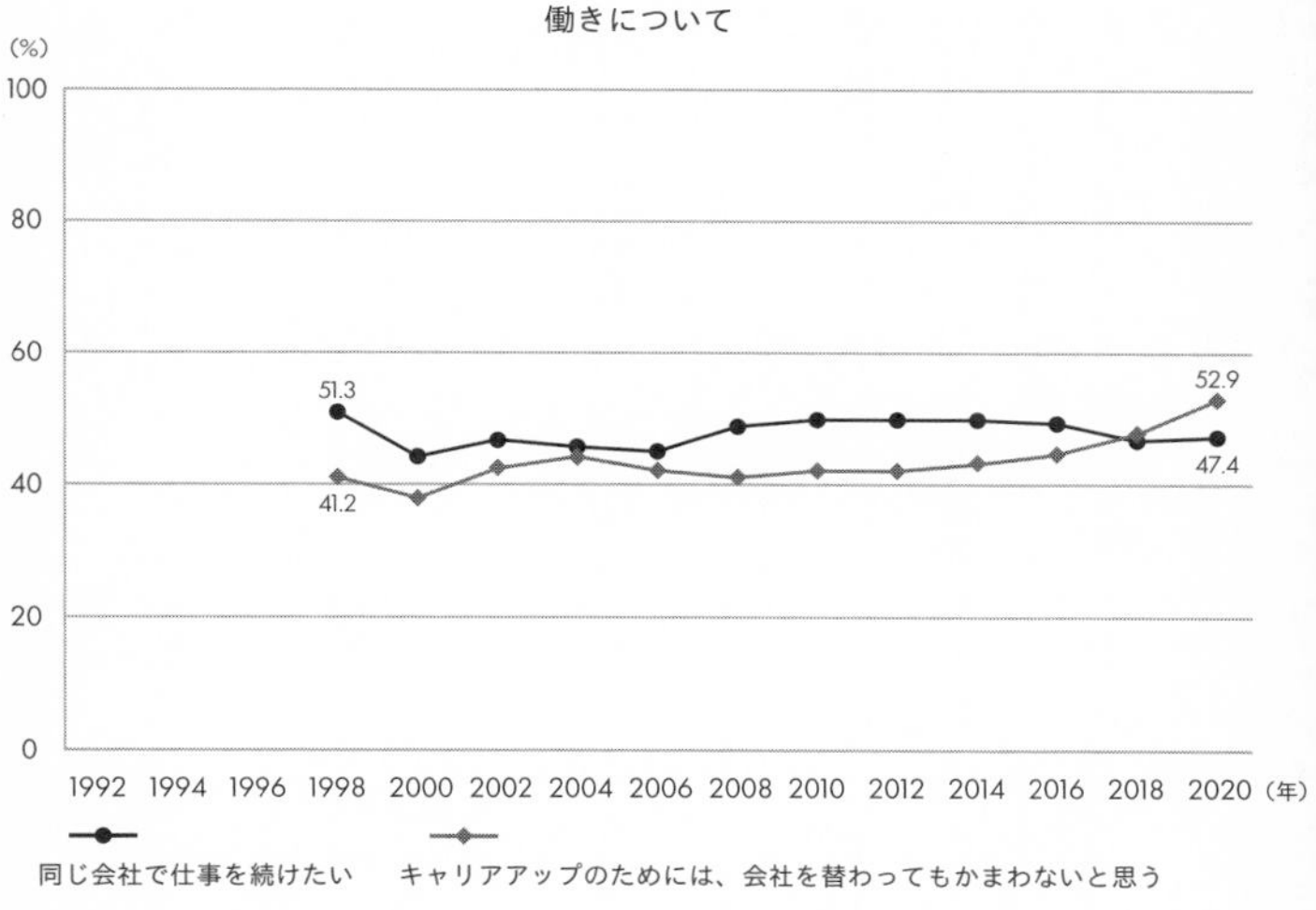

こうとしている」と結論づけるにはまだ早い。「会社や組織に属さずに個の力を活かして働きたい」という人は平成後期、12〜15%程度で推移しており、2020年（令和2年）のデータでは14・4%となっている。

ここには会社との絶妙な距離感が表れている。つまり、会社に帰属意識を持つわけではなく、チャンスがあれば転職も考えているが、一方で、会社や組織に属さずに個の力を活かして独立するというわけではない。

会社に絶対服従するわけではなく、自分自身の働きやすさは確保しつつも、完全にフリーランスになるわけではなく、絶妙な距離を保ちつつ生きる姿がここにある。会社による安定、さらには自由のいいとこ取り志向が見え隠れする。

平成後期の働き方改革はいかにも労働者に優しい政策のようにみえるが、背景にあるのは企業側の人手不足への懸念であり、その目的には生産性向上がある。

平成の約30年間で、何度も日本的雇用の崩壊、新卒一括採用の見直し、会社人間の終わりなどが叫ばれたが、とはいえこれらはしぶとく残っている。そして、自由な働き方、多様性が叫ばれる一方、それらが浸透したかというと、そうでもない。この微妙な間で私たちはずっと生きている。もちろん、会社と社会、私たちが変化しているのは間違いないのだが、会社人間は、しぶとく生きている。

さて、令和が終わる頃には、私たちはどれだけ自由に働いているのだろうか。自由による不自由も認識してきた私たちはその頃、何を大事にして生きているのだろう。人とＡＩが共生する社会も、逆に機械に人間が支配される社会も、ともに想像できる。働き方の選択肢が多い社会になること、仕事や会社で傷つくことのない社会の実現を祈っている。

ところで、令和が終わる頃、島耕作はどこで何をしているのだろう。気になって、仕方がない。

常見陽平（つねみ・ようへい）

千葉商科大学准教授、働き方評論家。１９７４年生まれ。北海道札幌市出身。一橋大学商学部卒業。同大学院社会学研究科修士課程修了（社会学修士）。リクルート入社。バンダイ、人材コンサルティング会社を経てフリーランス活動をした後、２０１５年４月より千葉商科大学国際教養学部専任講師に就任。２０２０年４月より現職。専攻は労働社会学。大学生の就職活動、労使関係、労働問題を中心に、執筆・講演など幅広く活動中。『僕たちはガンダムのジムである』（日本経済新聞社）『「就活」と日本社会』（ＮＨＫ出版）『「意識高い系」という病』（ベストセラーズ）など著書多数。

豊田啓介

離散と流動

日本は、ＩＴ化の進行が遅いといわれています。もちろんインターネットの普及は進み、テレビ離れとストリーミングメディアへの移行なども相応に進んでいますが、それでも教育におけるＰＣの利用率や仕事でのクラウド普及率など、他の先進国に比べてＩＴ化に関する各種の数値が低いのは確かなようです。実際、日本でのＩＴ活用の肌感《はだかん》データでも、全体に増加傾向にあるとはいえその変化はゆっくりで、日常で使えていると感じている人はまだ50％に満たない程度です（「生活定点」調査より）。

ただし、このデータでも2018年以降から上昇率が上がっていることがわかりますし、コロナ禍を経た2021年以降のデータが出れば、おそらくもっと大きく跳《は》ね上がっているだろうと予想できます。

COVID-19によるパンデミックの状況下で、突然リモートワークやオンライン授業がデフォルトという状況が生じました。以前は気軽にできていた友人や家族との会食はもとより、冠婚葬祭やお見舞いのような行為すらリモートというケースも急増しました。その良し悪しは別として、これまでにないコミュニケーションの手段を強制的にでも社会が体験し、その限界と新

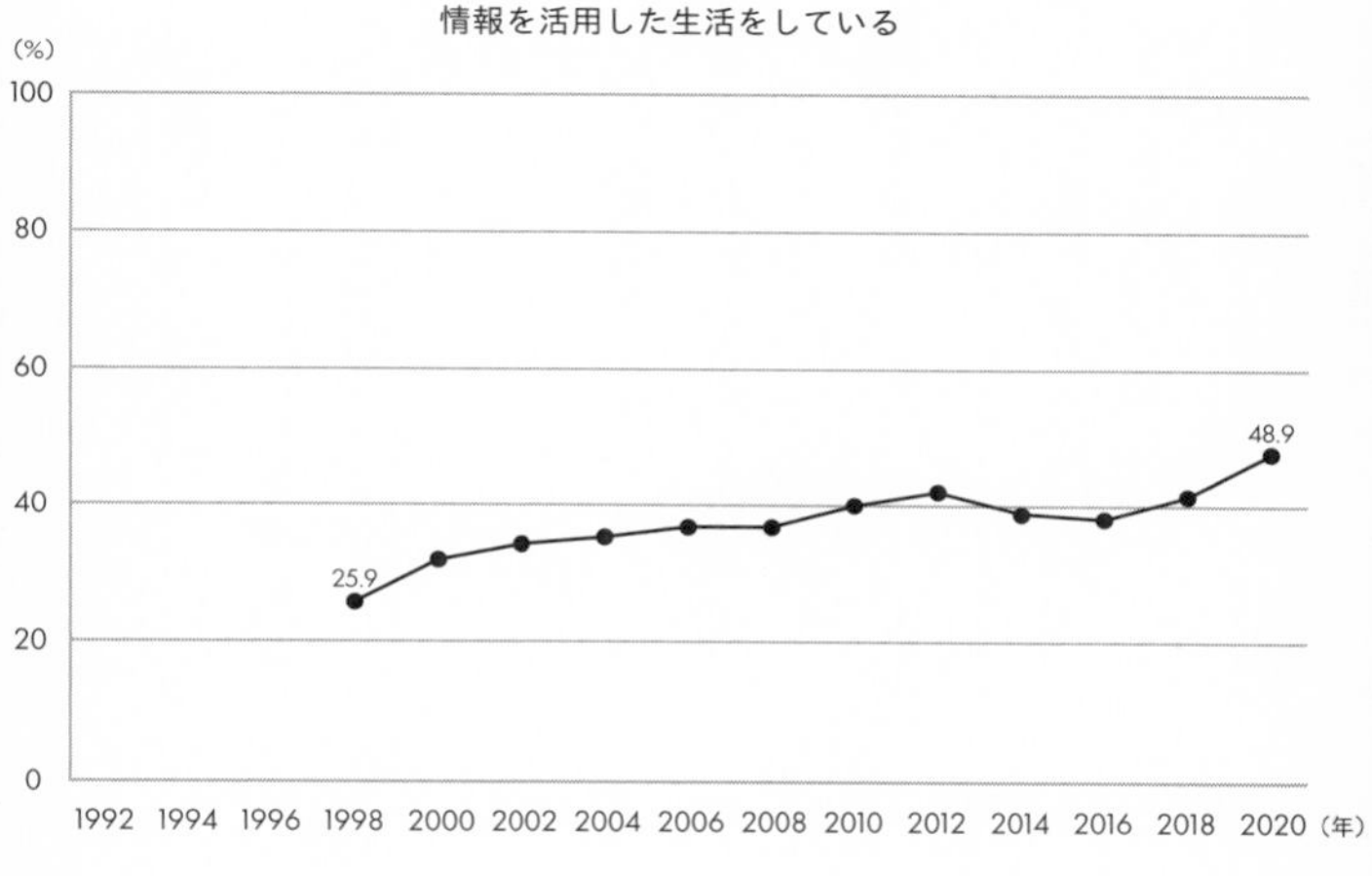

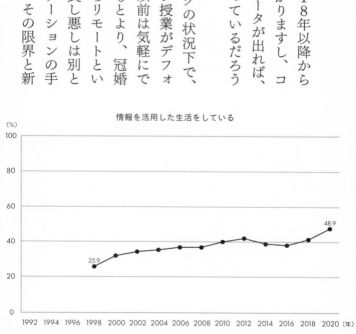

しい可能性に気づきつつある状況自体は悪いことではありません。

こうした生活基盤の情報化により進むのは、社会の離散化と流動化です。これらはコロナ禍だけが理由というより、以前からゆっくりと進行していた変化が、パンデミックにより一気に本来のスピードを見せ始めたというのが正しいように思います。情報化が進み社会が離散化、流動化することのポイントは、「モノと情報の分離」と「編集可能な情報チャンネルの劇的な増加」という点にあります。

例えば中世の農村では、自分の村を一歩も出ずに一生を終える人も珍しくありませんでした。人の移動がほとんどできなかった時代には、村の誰かが京や大阪へ行ったとなれば、その土産話は一生ものの価値を持っていたわけです。近世になると商品経済が発達し、地方の名物を土産として買ってくることも、行商人から買うことも可能になります。伝聞以上の情報を、モノがパッケージにして媒介してくれるわけです。そのうち本ができ、版画ができ、写真ができ、テレビが生まれ、実際に行ったことのない国や都市の様子を、ある程度までだれでも知れる・部分的に体験できる状況が生まれます。今ならネットにあふれる情報を検索し、さらに編集して独自のコンテンツを構築し、再発信することさえも可能です。異なる場所を「体験」する上で、人の移動↓モノの移動↓情報の移動↓情報の編集という具合に、固定的で移動が難しいモノの移動から、より移動が容易なモノの生産と移動へ、最後には人もモノも移動せず、情報だけの移動や編集がそれらを代替するようにと、時代は変化しています。

そうした傾向はビジネスにも具現化されつつあります。たとえば Uber の本質は、それまでタクシーというモノに固定化されていた価値と機能の組み合わせを、ＩＴにより解体し編集可能にすることで、モノの物理的な移動や生成、消滅を伴うことなく、属性の編集だけで実質的にそれらと同等な効果を提供し、劇的に流動性を高めた点にあります。結果として、これまで自家用車かタクシーかという区別は常に自明だったものが、どの車も何%かのタクシー性を備え、タクシー稼働をしている車もまた相応の自家用車性を持つといったような、グラデーショナルな性質を持ち始めます。同じことをホテルという固定的な領域に持ち込んだのが Airbnb ですし、オフィスに対して行いつつあるのが WeWork です。

これは逆に言えば、ただ情報が生成、流通されるだけでは新しい価値にならず、いかにそれらを物理世界のモノや場所に接続するかが重要だということでもあります。情報はモノと接続して、モノは情報に分割されて、はじめて新しい価値を持つという側面は非常に本質的なポイントです。

現在のまだ限定的な情報技術では、ほぼ無限に存在する実世界の多様なモノや存在に含まれる多様な属性や数量的情報の中で、技術的に抽出したり伝達したりできるのはごく一部にすぎません。どうしても情報領域ばかりに目が行きがちですが、モノが持つ圧倒的な情報のパッケージ能力（無限の計算能力といってもいいかもしれません）をしっかり分析した上で、その中で新たに抽出や編集が可能になるチャンネルを整理し、それらの上手な組み合わせをデザインする、接続領域の構造的な理解を高めることが必要です。

そう考えていくと、これらの複合的な接続環境を束ねる場として、今あらためてスマートシティが注目を集めている理由も見えてきます。さらに言うと、モノと情報の間の高次の接続環境がスマートシティの本質なのであれば、それは物理的な「シティ」だけに閉じるはずはなく、郊外も田舎もリゾートも、あらゆる場所が対等に扱われることが前提になるべきです。都市という事象が持っていた物理的な領域性という前提すら、問い直す必要が生じてきています。

こうした状況は場所やモノだけでなく、人の役職や集団への所属といった属性情報にも当てはまります。例えばリモート勤務中の身体は、常にオフィスにいた時のような拘束は受けなくなりますし、結果として勤務時間や濃度の専従性も不明瞭になっていきます。いわば仕事か否かを時間や場所で白黒はっきり色分けするということが、どんどん難しくなっていくわけです。所属という意味でも、以前はひとつの会社に定年まで100%所属することが前提とされていましたが、70%だけ所属する、20%だけプロジェクトベースで貢献する、5%の売り上げにコミットするといった多様な形が、時間や成果など様々な尺度で導入されていくのは、自然で不可避な流れなのです。これは同時に居住の空間にも、否応なく職という時間や所属の形が薄く、断続的に入ってくることも意味します。

日常の主要な活動を、職・住・楽・学と大まかに分けたとき、職と住の離散化と流動化は不可避的に進んでいますし、エンタメ（楽）こそ『Fortnite』や『あつまれ どうぶつの森』のように、既にリモートでの参加や共有の実践が先行している領域です。その中で、最もこうした離散化と流動化のしくみの導入が遅れているのは学の世界です。公立の小中学校では、住所に応じてほぼ自動的にどの学校に所属するかは決まっていますし、出席は子供の身体が校舎にあることと同義とされ、子供が校舎を離れて学びや集団行動を継続することは想定されていません。せっかく親が仕事や居住の面で離散化・流動化を許容できるようになっても、結局は子供の学校システムが固定的なため、家族単位での気軽な移動や生活の流動化が実践できないわけです。例えばある教育システムに所属していれば、その日の授業は好きな場所で受けることができ、月のうち半分は大都市で授業を受けるけれど、10日は実家のある地方都市で、5日は自然の中で受けさせるというような学び方も、今ならあってしかるべきです。こうした学びの離散化や流動化は、技術的には今でも十分に実装可能です。

量子力学の世界では、われわれの常識的な感覚とは異なり、あらゆる量子は粒子性と波動性を同時に持つといいます。観測によっては個々の粒だし、別の観測によっては粒に分けようのない霧のような波としてしか認識できない、そんな不思議な性質を持つのが量子の世界です。20世紀初頭の物理学は、どう考えてもそれまでの常識と相容れないこの新しい常識を受け入れるところから始まって、その後の爆発的な科学と経済の発展をもたらしました。21世紀ももう初頭とは言えない時期に入っていますが、いかにこれまでのモノや場所、所属が離散化、流動化し、複数の薄いアイデンティティを合わせ持つ新しい感覚、つまりは量子的な個人や社会というあり方を我々が受け入れ、対応し、その世界ならではの新しい選択を使いこなせるかに、次の社会の価値創出はかかっているように思います。

豊田啓介（とよだ・けいすけ）東京大学生産技術研究所特任教授、noiz、gluon
1972年、千葉県出身。1996〜2000年、安藤忠雄建築研究所。2002〜2006年、SHoP Architects（ニューヨーク）を経て、2007年より東京と台北をベースにnoizを蔡佳萱と設立、2016年に酒井康介が加わる。2020年、ワルシャワ（ヨーロッパ）事務所設立。2017年、「建築・都市×テック×ビジネス」がテーマの領域横断型プラットフォームgluonを金田充弘と設立。2025年大阪・関西国際博覧会 誘致会場計画アドバイザー（2017年〜2018年）。建築情報学会副会長（2020年〜）。大阪コモングラウンド・リビングラボ（2020年）。2021年より東京大学生産技術研究所特任教授。

石山蓮華

電線目線で折れ線を見る

生活総研が「生活定点」調査を始めた1992年に私は生まれた。98年（平成11年）に小学校の教室で算数と出会ったものの、今ひとつ仲良くなれないまま現在に至る。

数字や算数、グラフ、データ、公式などと聞くだけで、いまだにちょっとぎくっとする。

28歳の夏の終わり、簡単な計算を間違えた。ある雑誌の9月掲載の原稿で「今年も残り3ヶ月ですね」と書き、編集者から「まだ4ヶ月です」という修正が入ったのだ。指折り数えてみる。9月、10月、11月、12月。確かに4ヶ月なのに、私の頭の中では疑いもなく「12ひく9は3」としていた。正直なところ、こうやって並べて書いてみてもどっちが合っているのか今ひとつピンとこない。数字のことを考えると頭の中に濃霧が立ちこめてくる。

個別指導塾に通っていた小学4年生の頃は、分数の計算なんかもできるようになっていたはずなのに、計算機やデジタル時計、キャッシュレスでの買い物に計算を任せていたら、計算能力が小学1年生より前に戻っていたのだ。

たくさんの人の生活を数に変換して読み解いていく「生活定点」の調査は、算数の応用問題のようなものだ。

さて、私にデータが読めるだろうか。おっかなびっくりグラフを見ていると、一つのひらめきがあった。

「生活定点」のグラフは私が大好きな電線と同じ、線だ。

「数だ……グラフだ……」と思って見ると気持ちがすうっと遠ざかっていくような1400項目以上の折れ線は、電線を愛《め》でるような目で見てみると、生活と生活をつなぐ生きた線としてぐんと身近に感じられる。

私は小学生の頃から電線を眺めるのが好きだ。外を歩いている時はたいてい上の方を向き、電線を愛で、大きくなってからは1万枚以上の写真を撮り、名刺には「電線愛好家」と書いている。

電線鑑賞はどちらかというとアウトドアな趣味だけれど、実は、家から一歩も出ずに楽しむこともできる。

窓から電線が見える「電線ビュー」の部屋に住めば、雨の日も晴れの日も電線を愛でられるし、引っ越し先として電線が見える物件を探すのは難しくない。

全国で年間7万本ずつ増えている電柱にはもれなく電線が架かっているから、電柱の地中化が済んだ大きな街の大通りでなければ、オフィスや家からでも電線を眺められ、全国どこでも楽しめるのだ。

今回は、電線目線で「生活定点」のグラフを見て、約1400項目のグラフの中でも特に見た目が「電線っぽい」と感じたものをいくつか選び、グラフの線を電線に見立てる超インドア電線鑑賞の実験をしてみた。これを読み終える頃にはあなたもきっと、どんな線でも電線につながるポイントを見つけられる「電線目線」を手に入れられるはずだ。

私が小学生になった年に調査が始まったこの項目「無駄を楽しんで暮らす」は22年間、11%あたりをほぼ真っすぐに通っている。ただ、開始年の98年と02年、16年の数値がぽこっと、ほんのちょこっとだけ上がっている。

これは、電線で言うと「よれ」つまり使用上問題はない程度のくせがつき、曲がったりねじれてしまった部分と似ている。出荷時の電線は

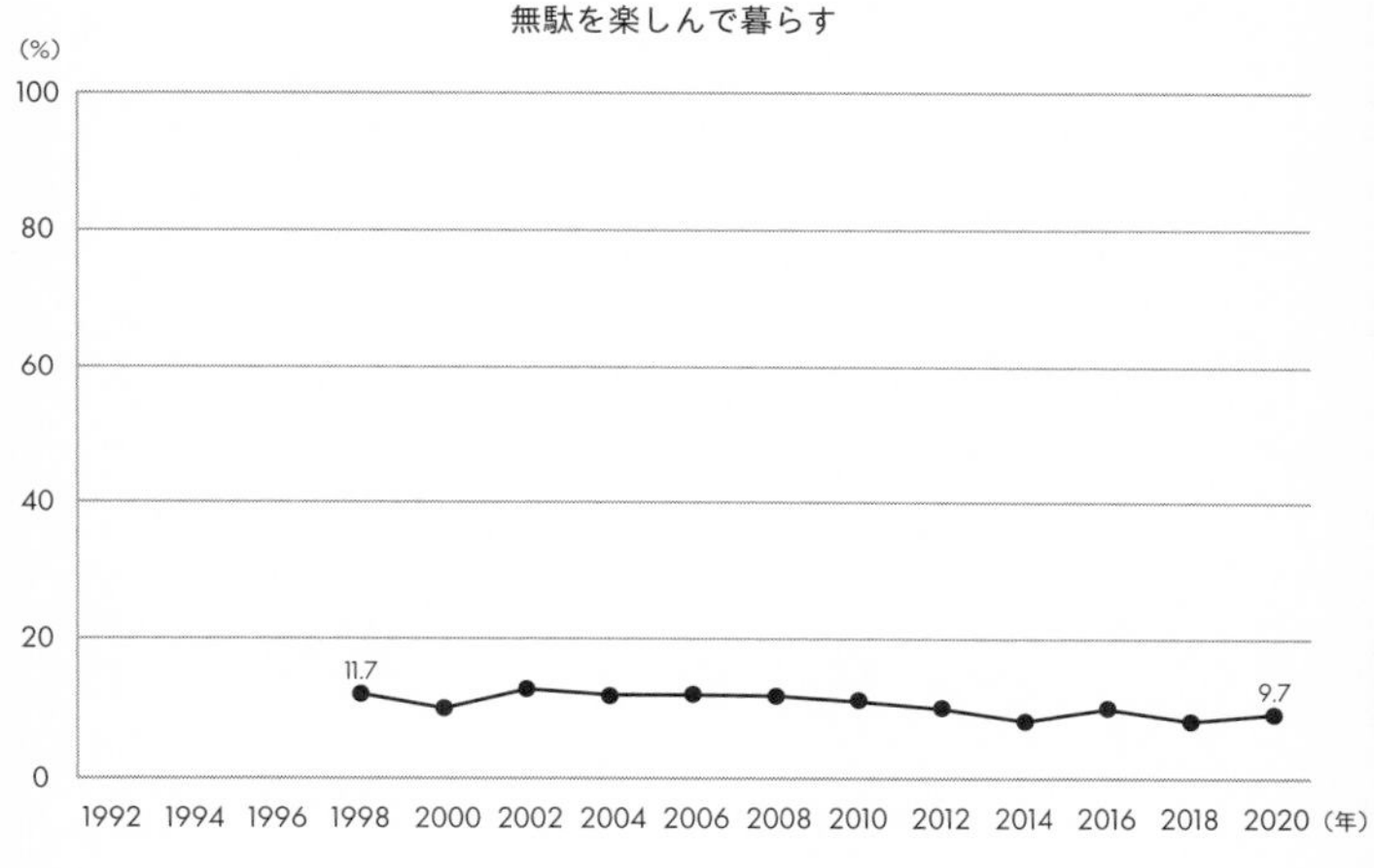

「ドラム」と呼ばれる巨大な糸巻き型の資材にぐるぐる巻かれた状態で街まで運ばれる。新品の電線には巻かれたことによって生じたよれがあるので、街中に布設《ふせつ》する時には、よれを直してある程度まっすぐにしてから使われる。

使い込まれた電線にもよれが出る。たとえば、狭い場所に布設された状態が続くと、その電線にとってよれや曲がりのある状態がしっくりくるようになる。家やオフィスで使われているケーブルも、部屋の隅にずっと同じ形で布設しておくと気づけばよれが出ている。

一日に何度も狭い空間を上下するエレベーター制御ケーブルは、実はよれやすい環境にある電線だ。けれど、これはよれてしまうと問題なので、きしめんのような形に工夫してよれを未然に防いでいる。

また、使用中に動きの多いドライヤーのケーブルなんかもよれやねじれが出やすい。これは指で挟《はさ》んでまっすぐに戻すと、内側の導線がグリーッとまっすぐに戻っていく感触を感じられて楽しい。

電線鑑賞においては、この「よれ」こそが魅力になる。すっきりとしたよれのない電線は見ているだけで爽快な気分になる。しかし、よれのある電線も、こちらが見る位置を少し変えるだけで、はっとするような表情を見せてくれることがある。

工業製品かつインフラとして厳しい検品を通過して生まれてきた電線によれや曲がりが出てくると、無機物なのにどこか生々しい温度が宿っているような、植物のつたや生き物の血管に見える。これに気づいてしまったら、街の隅々まで張り巡らされた電線は血管や神経のように見え、電線を見ずに歩くことができなくなるはずだ。

「無駄を楽しんで暮らす」とは、まさに電線鑑賞において遭遇する「よれ」を、電線の表情として愛でることにも通じるのではないか。

機能の面で、よれはあった方が良いというものでも、作った方が良いというも

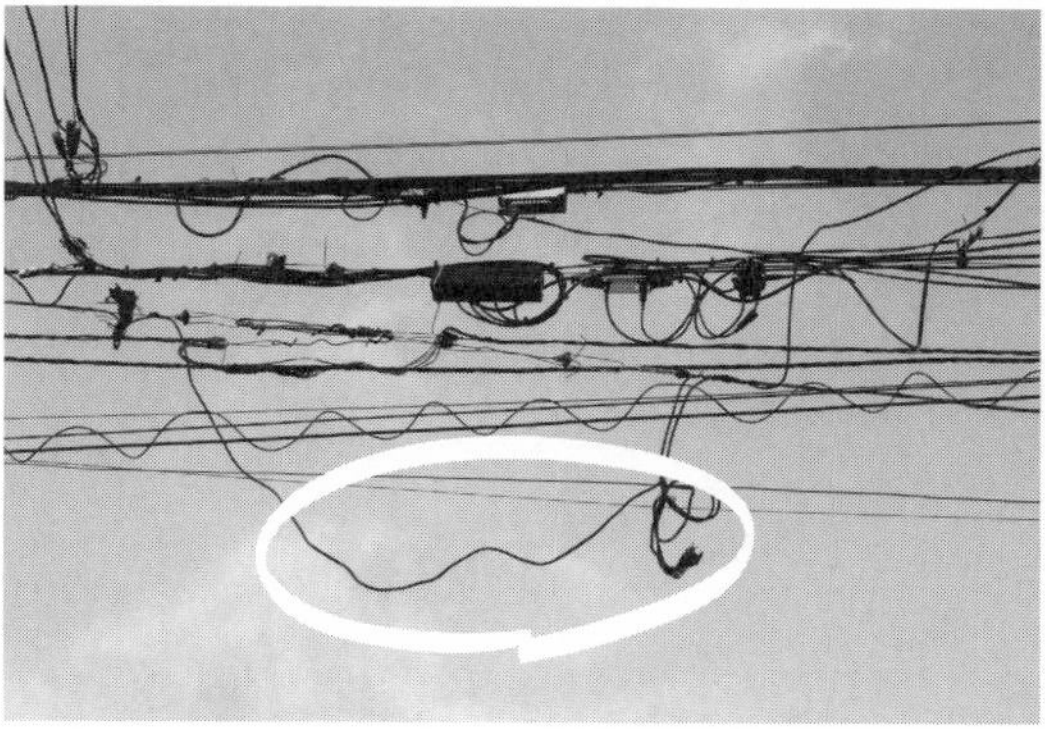

電線のよれ

のでもなく、つい生まれてしまうものだ。よれが大きすぎると、電線の一番内側で電気を通す導体ごと曲がって使えなくなってしまう。生活の中の無駄も時間の大半を占めてしまうとほかにやるべきことが何にも手につかないけれど、無駄を楽しめれば思いもしないところへ行ける。

電線は、無電柱化が進む東京で景観を乱すものとして後ろ指をさされがちだ。けれど、無駄だと思われているものにも、たしかに楽しみが潜んでいる。

9割方の人がピンとこない「無駄を楽しんで暮らす」という項目に肯定的だった1割前後の人たちは、もしかしたら電線のよれもよく見上げているのかもしれない。

ネットショッピングの利用について

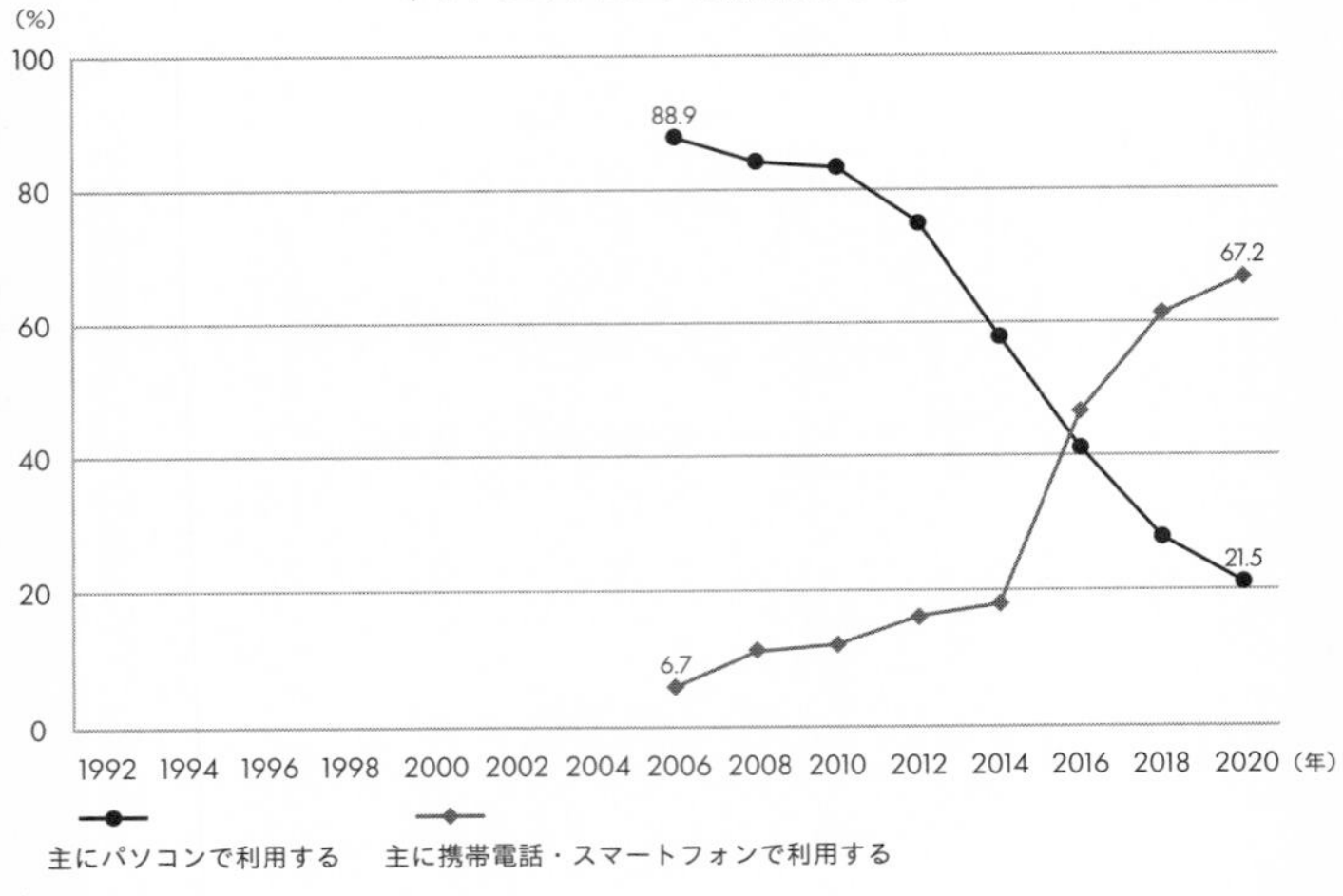

住宅街を歩くときに電柱から伸びる電線を目で追っていると、電柱から建物の壁や軒先まで、右の二つのグラフを思わせる、ななめの形で布設された「引込線《ひきこみせん》」が伸びている。

06年から調査が始まったこのグラフは、急な角度とちょっと短めなところが引込線の姿とそっくりだ。パソコンの方は、調査開始の06年の地点が電柱側で、モバイル端末《たんまつ》の方は最新の20年のあたりに電柱があるのを想像できる。

電線に似ているグラフの中でも特に似ているので、「あれ、なぜグラフの中に引込線が？」と思ってしまった。

電線に似た形のグラフ、あるかな～と思って書き始めたこの原稿のために用意されたのかと思うほどにそれらしく、ちょっと驚き、心の中で親指を立てた。ここに電線、ありますね。

そもそも引込線とは、電柱から家の中へ電気を届けるために引かれた電線のことだ。発電所から変電所、鉄塔や電柱を経由してやって来た電気が家の中へ入るときには、引込線を経由する。ウェブ上のショップと家の中をつなげるために使われる線と、このグラフの形がそっくりというのはたまたまだけれど、こういうたまたまを見つけて、ばらばらに浮かんでいた事柄に線を引いてつなげていくのは一人遊びの醍醐《だいご》味だ。

この引込線や、通信線を空中で分岐させるのに使う資材「引留め具」をウェブショップで買ったことがある。電気工事で使うありふれた、でもどこで売っているかよくわからないものも気軽に買える時代になった。

グラフでは10年をかけてパソコン派とモバイル端末派が反転しているので、この二つのグラフを持って外へ出れば、自分から見て右手側、左手側のどちらに線が引き込まれていてもスマートに見比べて「これね」と納得

引込線

できるはずだ。

　下の線を見て、あ、電線が犬の稜線《りょうせん》をつないでいる、と思った。

「ペットも家族の一員だと思う」の項目調査が始まった98年のところにぴっと上がった鼻先があって、20年の右肩上がり線は尻尾に見える。電線は重力に従って緩やかに下がるものだけれど、14年からの微妙な上がり方はなんだかちょうど良くたるんだカテナリー曲線を思わせるやわらかさだ。

　私は少し前に、電線の被覆《ひふく》（電線の外側を覆う部分）と同じ、真っ黒な犬と暮らし始めた。名前

ペットも家族の一員だと思う

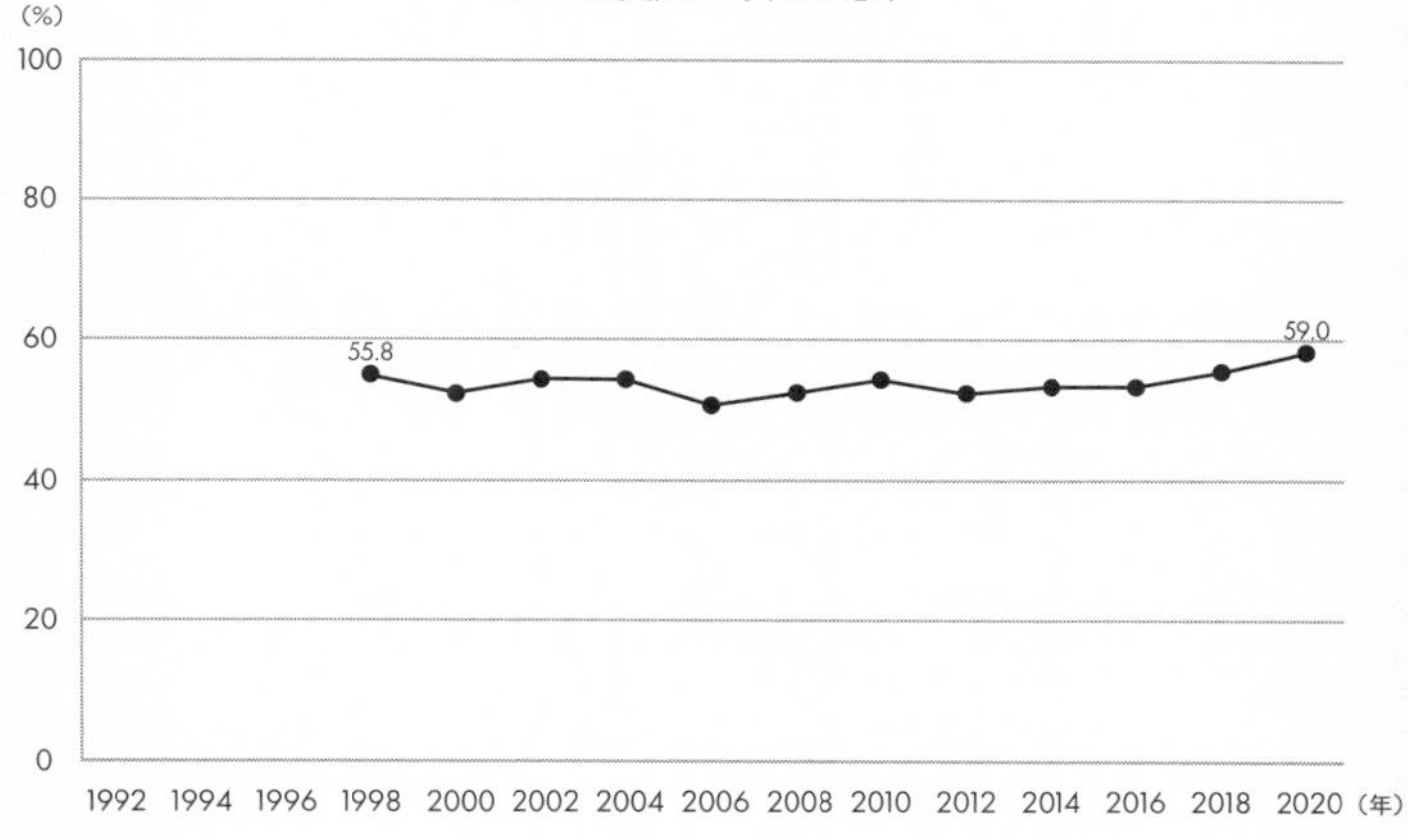

は「いど」だ。全身を覆う真っ黒な毛はふさふさしていて撫《な》でると柔らかく、鼻をくっつけるとまろやかな獣臭さがある。

いどの毛色は遺伝によるものだが、電線の被覆が黒いのには重要な意味がある。

電線の黒色は被覆に混ぜられたカーボンブラックという素材の色だ。布設されてから20年以上の時間、休みなく日光にさらされる電線は紫外線に強くなければいけない。カーボンブラックは紫外線による素材の劣化を防ぐ。電線の黒は、いわば日焼け止めと同じ意味を持っている。

私は電線を撫でるのも好きだ。外に架けられた電線は触ると危険なので、家にある電線コレクションを撫でている。電線は体温のない工業製品ならではの心地よい感触があり、撫でていると心が落ち着くのは犬と同じだ。

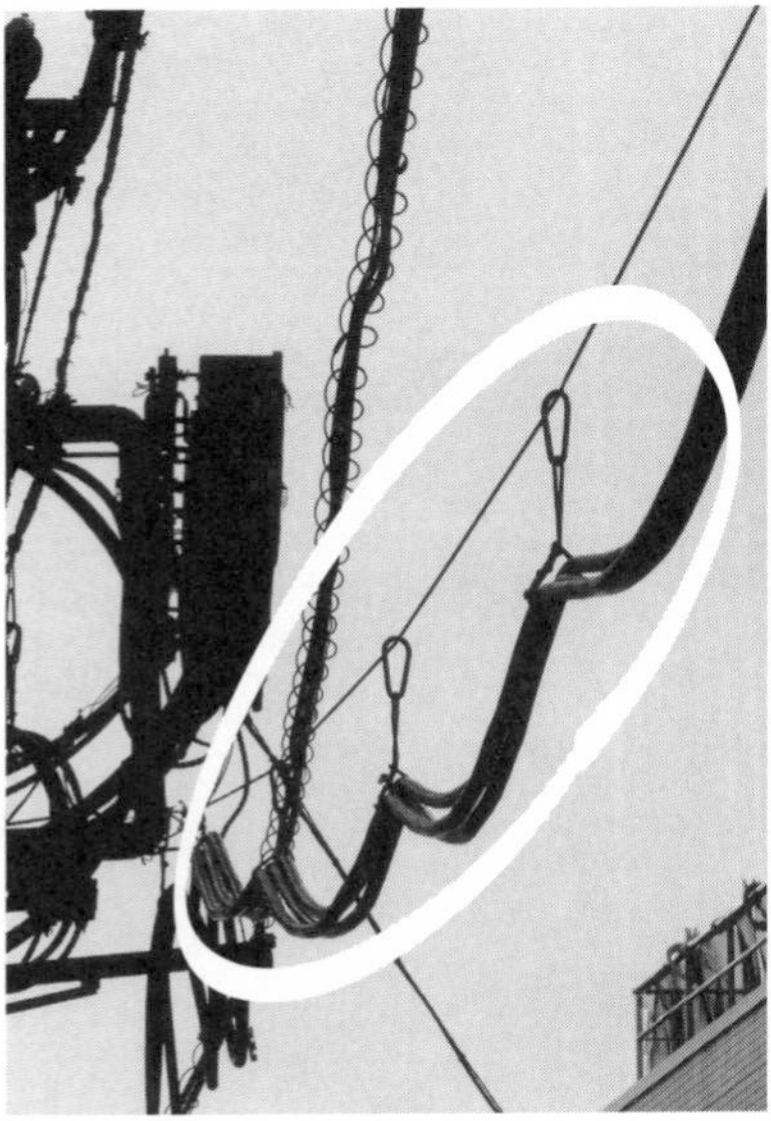
電線の被覆

被覆の素材として一般的なのは、ポリ塩化ビニルなどの樹脂とゴムだ。前者はすべすべ、後者はもちもちしている。犬はふわふわだが、一匹の犬の中でも背中と顔では少し触り心地に差があるので、どこを触っても同じ触り心地の電線とは違う。電線も犬も真っ黒いので、見た目にはあまり違いがないように見えるけれど、実物に触ってみるとわかることは案外いろいろある。

都市の血管や神経として張り巡らされる電線は、日本に初めて電信線が持ち込まれたペリー来航の頃とほぼ同じ、電柱・電線のセットで現在もつながり続けている。

電線は人々が暮らしたり、集まったり、距離を超えてコミュニケーションを取ったりする、生活の軌跡がインフラとして目に見える形になっているものだと思う。

電線目線でグラフを見てみて、実は、「生活定点」調査の折れ線グラフも電線も、生活の軌跡という点では、案外近いところから伸びているのかもしれないと思った。

算数は、計算さえできれば誰にとっても平等に、同じ答えが出る。そして、数的データは正しく、誰もが同じルールのもとで読み取るべきものだから、形だけ見て「この電線に見える」という見方はデータの曲解であり、これまで書いてきたのも誤答だろう。

けれど、電線目線で折れ線をたどり、頭に浮かんできた誤答を細かく言葉にしてみると、出会ったことのない人々の生活から出てきた線も、自分自身の生活につながっているのが見えてくる。「よそはよそ、うちはうち」であると同時に、今日も誰かの生活のおかげで私の生活が成り立っているのだ。

夜空に星座が描かれるように、地上にも電線でたくさんの物語が描かれている。28年間かけて人々の生活をポッポッとつないできた「生活定点」の折れ線は、これからも伸びていくのだろう。私も人生をかけて、細く長く、線を見続けていきたい。

石山蓮華（いしやま・れんげ）
1992年生まれ。電線愛好家として各種メディアに出演、日本電線工業会「電線の日」スペシャルコンテンツ監修、オリジナルDVD『電線礼讃』プロデュース・出演を務める。文筆家として「Rolling Stone Japan」「月刊電設資材」「電気新聞」「ウェブ平凡」に連載、「新潮」「文藝春秋」「She is」などに寄稿。読書・ジェンダー・犬をテーマにした初の書評エッセイ集『犬もどき読書日記』（晶文社）を刊行。主な出演に映画『思い出のマーニー』、短編映画『私たちの過ごした8年間は何だったんだろうね』（主演）、舞台『五反田怪団』、『遠野物語 - 奇ッ怪 其ノ参 -』、劇団ノーミーツ『それでも笑えれば』、旭化成「サランラップ」CM、NTV「ZIP!」レギュラーなど。Instagram:@renge_ge Twitter:@rengege

近藤那央

人の心をほぐし、繋げる〝いきものらしいロボット〟

長期化するコロナ禍で、周りの人との直接の関わり合いや、偶然の出会いから隔絶《かくぜつ》され始めてから、1年半以上が経った。私は今、過去になく思想的に人々が分断されているアメリカに住む。そして、アメリカの撤退によりタリバンによる恐怖政治に逆戻りをしたアフガニスタンの近況を見聞きしながら、どうしたら人々がお互いを認め合い、許し合い、平和に幸せに暮らせるのかと考えずにはいられない。

私は、カリフォルニア州の俗にいうシリコンバレーで暮らしながら、ソーシャルメディアのスタートアップの起業家、そしていきものらしいロボット〝ネオアニマ〟を作るアーティストをしている。ネオアニマとは、私が構想する、いきもののように感じられるが、どの動物とも似ていないロボットの総称である。一般的な、人に対して何かしらのサービスを行うロボットとは違い、ネオアニマは特に何もしない。そして、ネオアニマ同士でコミュニケーションをとったり、彼らの生を生きている（ように見える）。私は、そうした動物でも人間でもない生命体の存在そのものが、人々にゆるい繋がりを生み、場の空気を平和にすることができると考えている。

なぜ、ネオアニマの制作をするに至ったか、ルーツは私が9歳のころに遡る。当時発売されていた、ソニーのコミュニケーションロボットであるＡＩＢＯを、親が購入してきたのだ。可愛らしい仕草や成長する様子に最初は心奪われていたが、徐々に飽きてきてしまった。そしてある時、ペットとして飼っているカメの方が、ＡＩＢＯと比べて何もしないのに、ずいぶんと愛着があることに気がついた。こうした、カメとＡＩＢＯがいる、10年以上の日常のなかで、ロボットがどうしたらもっと魅力的な存在になるのかという問題を、漠然と考えていたように思う。

具体的にロボット制作に取り組み始めたのは高校時代だ。私が通っていた技術系の高校は、卒業研究としてチームでプロジェクトに取り組むことになっていた。そこで、先輩のロボットに影響を受け、ペンギン型水中ロボットを作るチームＴＲＹＢＯＴＳ（トライボッツ）を立ち上げた。当初の目的は、ペンギンのように、はばたくことで水中を自由に動けるロボットを作ることだった。

卒業研究は一年弱の短い期間であったが、研究に協力してくれた水族館のご厚意で、本物のペンギンと泳がせることができた実験が話題をよび、さまざまなイベントに出展の誘いを受け、大学生の4年間もチームでロボットを改良し続けた。4年間でロボットのデモ展示を見た人の数は概算3万人ほどだ。そのなかで、子供向けのイベントでの出展経験で、ネオアニマにつながる気づきを得た。ペンギンロボットを見た人は、口々に、「ペンギンみたいでかわいい」という。そして、ロボットに触る体験が最も人気で、なかには、感情移入をして、「ペンギンが寄ってきた」などと喜ぶ人も多かったのだ。私たちのペンギンロボットは、いつも、非技術者に人気だった。このロボットは泳がせることが目的であったため、人と交流するような機能は開発していなかった。それなのに、人々はかわいいというし、触りたくなるし、ペンギンに感情があるように感じたのだ。この時、AIBOとカメの疑問に、一つの答えがある気がした。それは、〝いきものらしさ〟だ。ペンギンロボットは、ペンギンのようにはばたきで泳ぐロボットだ。そのため、その泳いでいる姿が実際のペンギンに似た、いきものらしい動きであった。人々はそこに、愛らしさや愛着を感じたのだ。

私はこの体験から、〝いきものらしさ〟を抽出した、新しいいきものが作れないかと考えた。それが、ネオアニマである。ただそこに生きているだけで、周囲の雰囲気を幸せにさせ、人々をゆるく繋げるロボットのいる社会を想像している。

テクノロジーによってどんどん他人と関わらなくても生活ができるようになり、また、SNSによって非同期でコミュニケーションが取りやすくなった今、人々はどんどん孤独になっていると感じる。

博報堂生活総研の「生活定点」データを見ると、「シングル度（束縛されず自由、ひとりですごす、誰かに頼らない）が高い」と答えた人は、2000年からほぼ40％弱で横ばいである一方、「ひとりで行動するのが好き」「ひとりでいる幸せを重視

シングル度／交際について

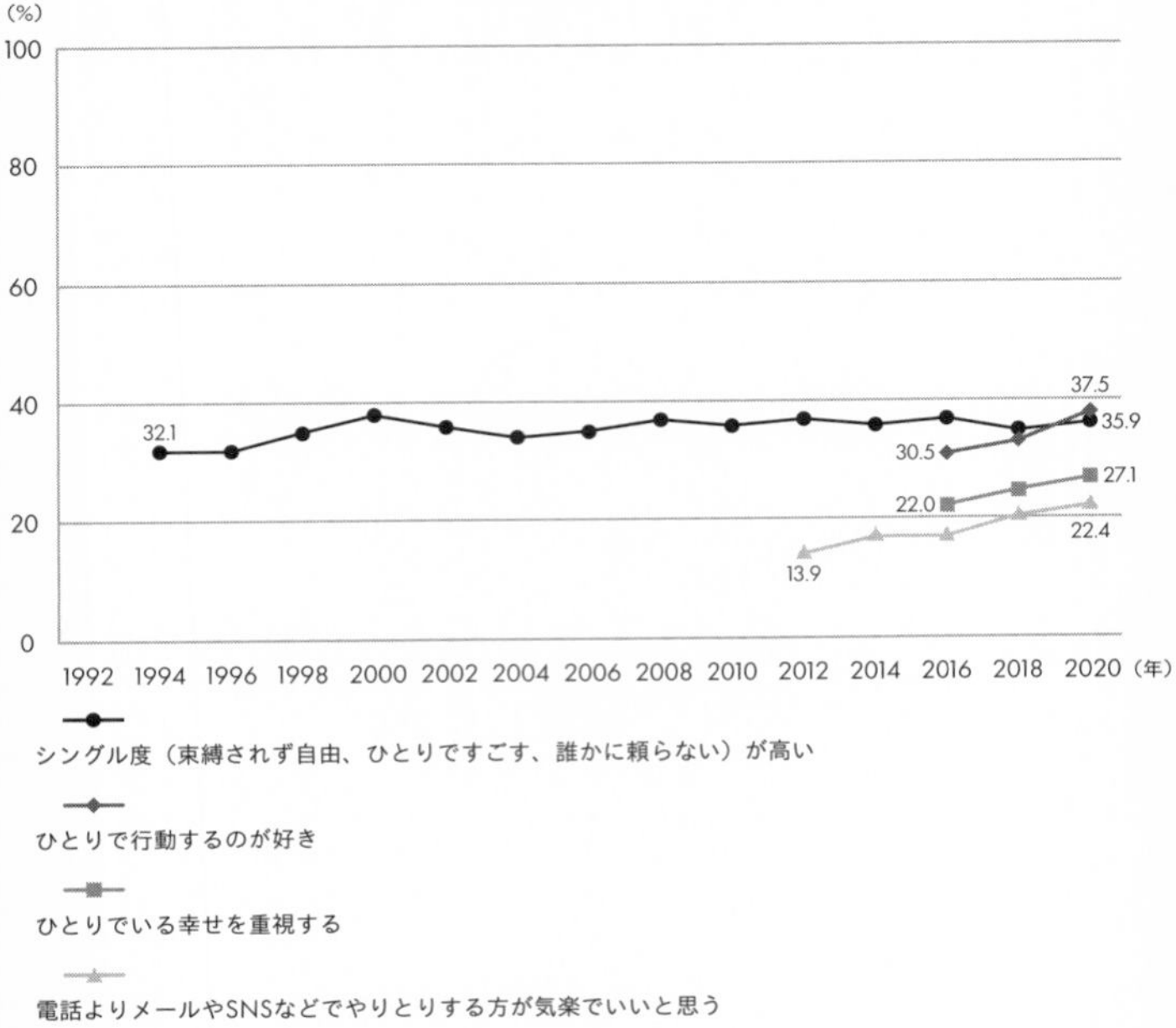

する」と答えた人は、それぞれ調査開始の2016年で30・5%、22・0%だったが、2020年には37・5%、27・1%と上昇している。また、「電話よりメールやSNSなどでやりとりする方が気楽でいいと思う」と答えた人は、2012年13・9%、2016年17・1%、2020年に22・4%と徐々に伸びていて、非同期、そして文字ベースのコミュニケーションが好まれる傾向にある。特に2020年はコロナ禍の影響で、私も以前より非同期のコミュニケーションが増えた。しかし、この便利なコミュニケーションは、人々の孤独を加速させているようだ。

非同期かつ文字によるコミュニケーションは、便利である一方、表面的な受け取りや理解で誤解が生ずるケースがあり、非同期であるためにそれを正し難い。また、近年SNSでは広告や他人の投稿が、アルゴリズムにより個人の嗜好《しこう》に合ったものが表示されるようになっている。そのため、偏った思考が、あたかも世界中の人が支持しているように信じてしまい、人々が分断されていることが問題視されている。さらに、SNSの利用による不安感も問題とされている。最近の研究では、スクリーンの使用時間が長いほど、不安や抑うつのレベルが高くなることが分かる（Boers, E., Afzali, M. H., & Conrod, P. (2019). Temporal Associations of Screen Time and Anxiety Symptoms Among Adolescents. The Canadian Journal of Psychiatry.)。不安感から逃れるためにSNSを利用するが、結果としてさらに不安を煽ってしまうのだ。私自身、10代前半からSNSを利用しており、トラブルや心理的な体調不良を経験している。ここ数年適度な距離をおけるようになっていたが、コロナ禍の影響で急激に昔のよくない状態に後戻りしているようだ。

私が考える、いるだけで場の空気を和《なご》ませ、人々をゆるく繋げるいきものらしいロボットがいる世界感は、こういった現在の社会的な孤独や不安に関する問題意識がベースにあるのではないかと、最近感じている。同じアパートに住む人もわからず、テキストだけでのコミュニケーションをとる現代人。他人や社会に対する不満が解消できないまま大きくなることで、他人を信頼することができなくなってきているのではないか。人々が気持ちに余裕を持って生活し、他者とのゆるい繋がりを持てる社会を目指すべきだと思う。

私の考えるネオアニマとの未来社会は、ファンタジーの世界に近い。人でも動物でもない、いきものらしいロボットたちが、生活の中のあちらこちらにいる。ロボット同士でコミュニケーションをとり、彼らも人間と同じように社会を生きている。そうしたロボットたちと同じ空間にいることで、人々の心に余裕が生まれ、ロボットたちの姿を見ている人同士がゆるく繋がる、とても平和な空間だ。具体的に現在あり得ることに例えると、公園の休憩スペースのあるベンチで、子猫の兄弟が幸せそうに寝ているとする。その近くにいる人は自然と笑みが溢れるだろうし、その光景を見ている人の間に、自然と会話が生まれるだろう。

私は今、ネオアニマプロジェクトで、どうしたらいきものらしいと人が感じるロボットが作れるかというテーマに取り組んでいる。ネオアニマプロジェクトを始めるきっかけになったロボットは、〝にゅう〟というロボットだ。にゅうは、非常にシンプルな構造をしている。ブランケットをかけたような、おばけのような形をしていて、上下左右にその場で体を動かすことができる。そして、常時呼吸をしているように動き、たまに左右どちらかをむく。私は、いきものらしさを人が感じる一番のポイントは動きであると思っていて、それは、いきものは生まれてから死ぬまで、動きを止めないからである。常時動いているということは、ロボットにとっては寿命が短くなることと同義であるためチャレンジではあるが、私はあえて、微細な動きをさせ続けることで、単純な形状であっても、いきものらしさを感じさせることができるのではないかと考えた。実際に、見た人からは、ずっと見ていると不思議な気持ちになってくる、(ロボットの) 感情を想像してしまうといったフィードバックをもらっている。さらに、にゅうが9台集まった展示

にゅうの展示

はそれぞれのロボットに個性を見出させ、見ている人を感情移入させた。

今、人々は、人間らしい生活の大切さに気づき始め、物事やサービスの評価基準が変わってきている。環境問題への配慮も、人間らしく生きるための環境作りともいえると思う。日々、テクノロジーが進化していくなかで、従来のような経済ファーストな社会作りではなく、幸福度ファーストな社会になって欲しいと思うし、アーティスト・起業家として、人の生活が楽しく、ワクワクするようなものを作りたいと思う。

近藤那央（こんどう・なお）
1995年生まれ。ロボットアーティスト／起業家。高校時代からロボット開発チームTRYBOTSを主宰し、全国各地の科学館や子供向け教育イベントなどでデモ展示を行う。慶應義塾大学環境情報学部卒業後、シリコンバレーに移住し、いきものらしいロボット〝ネオアニマ〟の開発をするアーティストとして活動中。また、アーティスト・クリエイター向け音声SNS、nocnocの起業家としても活動している。Forbes30under30Asia2016、日経ビジネス次代を作る100人、ロレアル・ユネスコ日本女性科学者賞特別賞受賞、孫正義財団3期生。

西田宗千佳

黄金期から苦難の時代、世界に翻弄された「ゲーム」というビジネス

平成という時代を通し、大きく変わったのが「コンピュータゲーム」という産業だ。日本のゲーム産業はおよそ30年の間に、黄金期と縮小均衡期の両方を体験している。

それがどんな意味を持っていたのか、改めて振り返ってみたい。

日本の苦手な「プラットフォームビジネス」を切り開くゲームビジネス

平成が始まったのは1989年。この時期は、家庭用ゲーム機が日本に定着し始めた頃だ。ファミコンの発売から約6年が経過、翌年の1990年には「スーパーファミコン」の発売を控えていた。

しかし、海外ではセガがスーパーファミコンより一歩先に発売した「メガドライブ（アメリカ名ジェネシス）」を積極的に販売し、シェアを脅かす。さらにこのあと、1994年にはゲーム機の世代が変わり、ソニー・コンピュータエンタテインメント（SCE、現在はソニー・インタラクティブエンタテインメント）が「プレイステーション」を発売し、ゲーム市場は世界レベルへと拡大を続けていくことになる。

いや、別に「ゲーム機シェア戦争」の話をしたいわけじゃないのだ。

重要なのは、この時期から「ゲーム機」ゲーム機を軸に、日本のプラットフォーマーが世界を席巻する時代が始まった」ということだ。「プラットフォーム」という考え方は1980年代後半に生まれ、1990年代前半に浸透した。当然の帰結として数を求める必要があり、ビジネスは海外へと拡大していく。

ゲーム機という領域は、昭和末期に日本に優秀なゲームメーカーが多数生まれた結果、そのビジネスの受け皿として家庭用ゲーム機というプラットフォームビジネスが成長した部分もある。こういう長期的展望に伴う投資を前提としたビジネスは、日本企業が苦手としてきた部分だが、任天堂やセガ、ソニーといった企業は「ゲーム機」をうまくプラットフォームとして活用した。

その結果として、1980年代末から1990年代の日本のゲームは、世界的に非常に大きな影響力を持つことになる。少なくとも2000年代前半までは、日本の企業とクリエイターが種を育てて大きな存在感を示していた、というのは間違いない。

ゲームという種からはキャラクターや音楽、ストーリーといった派生IP（知的財産）が生まれる。ゲームが元気であるということはその派生IPも元気になるわけで、この時期、日本のIPは世界に対して強い波及効果を持っていた……ということができる。

日本はもはや「ゲーム大国」ではない

ただし、その影響力はいつまでも好調だったわけではない。「マリオ」に代表される任天堂のＩＰは未だ強いし、各メーカーからはいくつかのヒット作は生まれているものの、過去のように「ゲームといえば日本製」という状況にはない。ゲームをあまりしない方だと、まだ「日本はゲーム大国」というイメージのままかもしれないが、２０２１年現在、過去ほど日本の影響力は強くない。

ゲーム関連企業の収益ランキングでいえば、ソニーが1位・任天堂が3位で存在感が大きいが、これは「プラットフォーマーとしての存在感」による収益でもあるので、ソフト販売力と単純に考えることはできない。トップ10の中には9位にセガサミー、10位にバンダイナムコが顔を出すものの、他は海外企業だ。（出典：https://www.alltopeverything.com/top-10-biggest-video-game-companies/）

実際には1位のソニーも、ゲーム開発の主体を日本からアメリカに移しており、「日本企業が日本国内で作ったものが海外でヒット」というイメージとはかけ離れた存在になってもいる。

ソニーはなぜゲーム事業の軸をアメリカに置き、国際的な開発を拡大しているのか？　筆者は理由を、市場が世界に拡大するのに伴い、必要な技術の高度化と、開発・販売にかかるコストの増大が進んでいったためと推察している。

資金調達や技術力を活かす「欧米のモデル」に敗れる

エンターテイメント産業は、当たれば大きいがその確率も低いために「水物」と言われる。初期のゲームは少人数で開発できた一方で、百万本を超えるヒットになると大きな儲けになるから参入者が増えた事情がある。

しかし、海外展開が必須になってくる1990年代半ばを過ぎると、ゲーム開発の規模はどんどん大型化し、必要な予算と技術力も大きくなっていった。「ゲームは映像や音の質、リアルさで決まるものではない」と言われることがあるが、それは一面を示しているに過ぎない。コンピュータゲームはテクノロジーで驚きを与える、という要素が存在する以上、「以前とは違う」ものが常に求められる。

その結果として、ゲームの規模は拡大し、大人数で作らざるを得ないものになる。数百人を超える人数と世界的に分散したチームによって作る「AAA」と呼ばれる大型ゲームは、百万本規模のヒットを生み出してやっと回収段階。数百万本を超える数にならないと規模に見合った収益にはなりづらい。

結果として、ゲームは高度な技術に加え、資金を確保する能力や大規模なマーケティング戦略など、「企業としての洗練」が求められるものになっていった。そうした部分では、ハリウッドやシリコンバレーで培われたノウハウが役に立つ。

これはまさに、日本が苦手だったビジネスモデルそのものだ。「儲かる」とわかって本気でリソースを注入してきた欧米企業に対し、日本側はなかなか有効な策を打てなかった。欧米企業が大規模で良い作品を作るようになるのと時期を合わせて、市場自体も日本以外が大きく伸びた。特に家庭用ゲーム機向けとPC向け、ネットワークゲームでは、2000年代以降に欧米企業が伸びた影響が強く残る。結果として、日本のゲーム産業は「膠着期」を迎えることになる。

日本特化のスマホ市場、企業としての成熟で世界市場に回帰

同時期、携帯電話やスマートフォンで「課金型」のゲームが増えた。韓国で成長した「フリー・トゥ・プレイ」（基本プレイ無料、追加課金型）のビジネスモデルは、PCからスマートフォンへと拡大し、ビジネス規模を大きくしていく。日本は特にこのジャンルが伸び、大きな成長軸になっていく。現在、スマートフォンの世帯普及率は88・9パーセント（内閣府『消費動向調査・令和3年3月実施調査資料』より）。それに対し、ゲーム機の世帯普及率は54・2パーセント（総務省・情報通信政策研究所による2019年度調査）で停滞中。生活により密

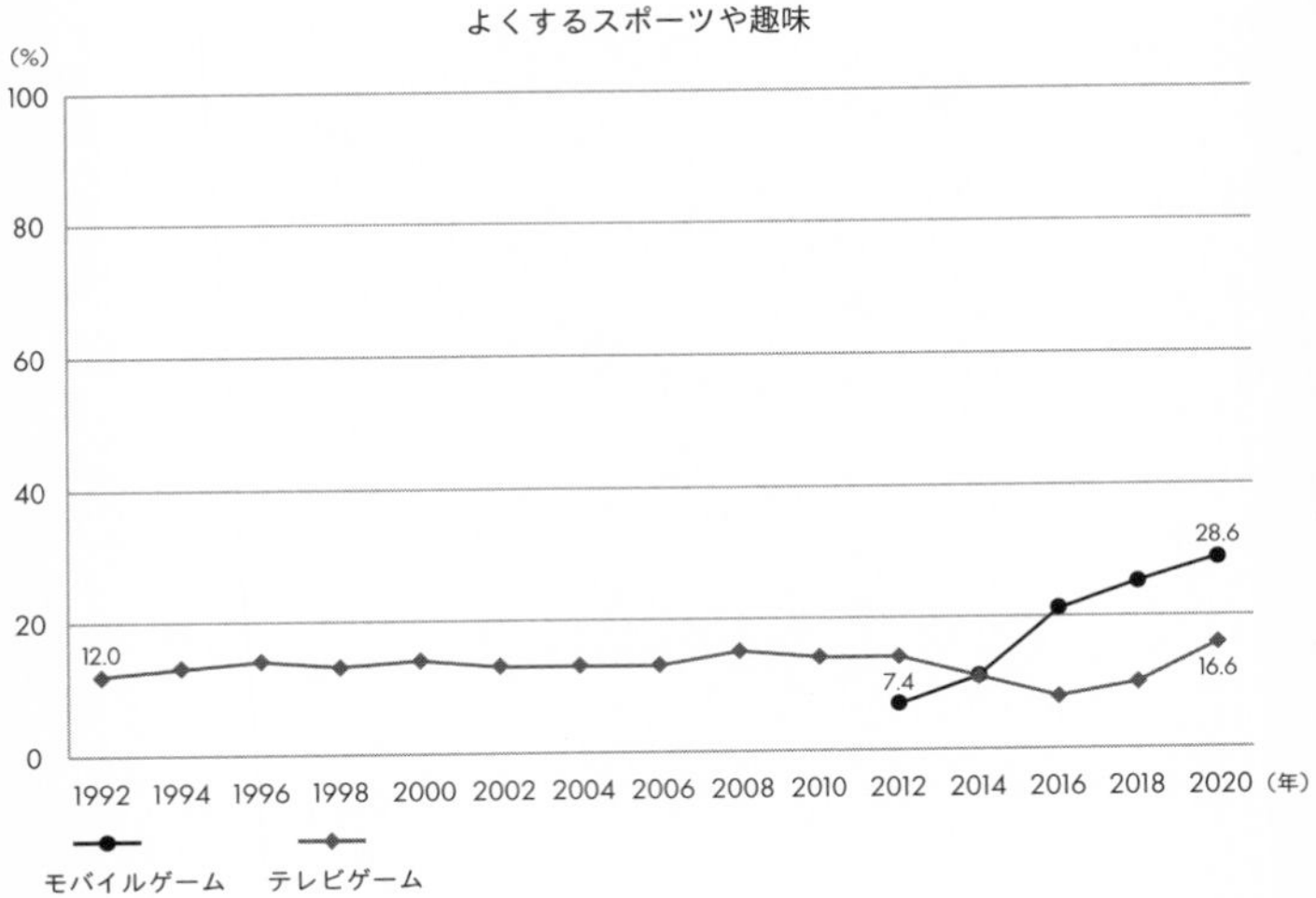

着しているのはスマートフォンであるのは間違いない。現に、「生活定点」調査で「よくするスポーツや趣味は何ですか？」という問いに「モバイルゲーム」と答える人は近年急上昇し、「テレビゲーム」を上回っている。

スマホの上からはアニメや小説などにコンテンツが拡大、相互乗り入れしていくことで、新しいエコシステムが生まれた。毎日見ているものなので影響も大きいからだ。一方で、ある種ギャンブル的な側面も持つことから欧米市場の反発は大きく、日本で成功したゲームは日本でしか成功していない。逆に近年は、アメリカ・中国などのスマホ向けゲームのヒットに押され始めてもいる。

海外でコアなゲーマーが続々と育ち、非常に強い市場が出来上がってきた一方で、日本はむしろ平成の間の大半を、濃いゲーマーを育成することよりも、ライトにして市場を広げる方に捧げてきた。それは間違いとは言い切れないが、ゲームビジネスの収益が世界各地で成長する一方、日本市場の盛り上がりが欠けているのも事実。特殊な市場と見られることはプラス要因ばかりではない。

平成の前半に世界を席巻した日本のゲームは、ビジネスが高度化する平成の後半、日本国内市場に特化していた。足場のビジネス自体はそれで回ったが、海外の成長に追いついて戦えるようになるには時間もかかった。

現在はようやく、日本メーカーも海外市場対応が進んできた。あえて洋の東西を意識せず「自社についてきたファンが求めるもの」を重視する場合もあれば、海外企業を積極的に買収し、「海外に向けた作品は現地企業の強みを活かす」ところもある。どちらにしろ、企業としてより多様で成熟した存在になってきたことで競争力が生まれてきた、と言えるだろう。平成を過ごす中で、ゲームという産業は幼年期を過ぎ、成熟したのである。

西田宗千佳（にしだ・むねちか）
1971年福井県生まれ。フリージャーナリスト。得意ジャンルは、パソコン・デジタルAV・家電、そしてネットワーク関連など「電気かデータが流れるもの全般」。取材・解説記事を中心に、主要新聞・ウェブ媒体などに寄稿する他、年数冊のペースで書籍も執筆。テレビ番組の監修なども手がける。主な著書に『ポケモンGOは終わらない』（朝日新聞出版）、『ソニー復興の劇薬』（KADOKAWA）、『ネットフリックスの時代』（講談社現代新書）、『iPad VS. キンドル 日本を巻き込む電子書籍戦争の舞台裏』（エンターブレイン）がある。

家田荘子

災害とスマートフォン。平成社会が心をどう変えたか？

昭和から平成に変わる時、私はアメリカハワイ州ホノルル市に住んでいた。陸軍病院に勤務する元夫の転勤で、アメリカ本土から移ってきたばかりだった。日本はバブルの真っただ中。51ヶ月連続の好景気が続いていた。

その頃の私は、エイズの取材費が嵩《かさ》みすぎて、日本人観光客相手にバスガイドのアルバイトもしていた。高級ブランド店前には、日本人旅行者の長蛇の列ができ、就職内定大学生たちを日本企業がハワイまで招待していたのも、平成元年の珍しくない光景だった。日本のバブルは若い人まで巻き込んで、ブランド品から不動産まで、まるでハワイを乗っ盗《と》る勢いだった。

昭和天皇が崩御《ほうぎょ》された昭和64年1月7日。私は日本人が集まるカラカウア通りに行き、「昭和天皇が崩御されたのを知っていますか?」と、日本人観光客に取材をしていた。

皆、笑いながら「はい」と答えていた。買ったばかりの高級ブランドの手提げ袋を誰もが嬉しそうに持っていた。

平成元年は、実に多くのことが起こった。金融機関の週休2日制が始まり、政財界と癒着《ゆちゃく》したリクルート事件や、連続幼女誘拐殺人事件の犯人も逮捕された。消費税3%が施行されても好景気は続き、アメリカのロックフェラー・センターも日本人が買ってしまった。私の娘も平成元年に生まれている。

バブルゆえの後ろめたさか、一杯のかけそばを母親と子供二人が分け合って食べたという人情話が大流行したのも平成元年だった。

その後、時代はバブル崩壊に向かい、完全失業率が当時の過去最高を記録する平成10年まで景気は下降線を辿ることになる（※1）。その間にも色々と変化が生まれた。

平成2年には、家族がテーマのTBS人気ドラマ『渡る世間は鬼ばかり』が始まった。礼宮文仁親王のご結婚や、二谷友里恵さんの『愛される理由』の大ヒットなどにより、人々の興味が、お金から家庭や人に向いて行くようになった。

博報堂生活総研のサラリーマン世帯夫婦を対象とした「家族調査」（※2）によると、1988年（昭和63年）家庭の総合的な決定権が、「主に妻」と答えた人は、10・1％しかいず、夫が72・4％で実権を握っていた。

ところが平成に入ると、その数は、妻は右肩上がり、夫は右肩下がりを辿り続けることになる。30年後、平成最後の2018年には、夫が38・7％、妻が30・3％と、その差が縮まっている。それを裏付けるように、1988年「亭主関白」家庭の夫婦が38・6％と多かったのが、2018年には「友達夫婦」関係の夫婦が50％を越えて最多になっている。理想の夫婦像について、「友達夫婦」と回答した夫が64・9％、妻79・5％と圧倒的に多い。妻に力がつき、夫婦のあり方が変わって来たのだ。
「生活定点」データでも、「夫婦はどんなことがあっても離婚しない方がよいと思う」という問いを20代から60代に対してしたところ、1998年は33・6％が「はい」と答えていたが、2020年には19・1％にまで下がっている。離婚が許される時代へと変わって来たのだ。

実は私は、結婚の数も離婚の数も多い。昭和時代は、離婚しているだけで汚い言葉や白い眼を向けられて来たが、平成2年には、新婚旅行に行って成田空港に着いた途端、離婚するという「成田離婚」が大流行、平成の後半になると、離婚が原因で不愉快な思いをさせられることが、いつの間にかなくなっていた。

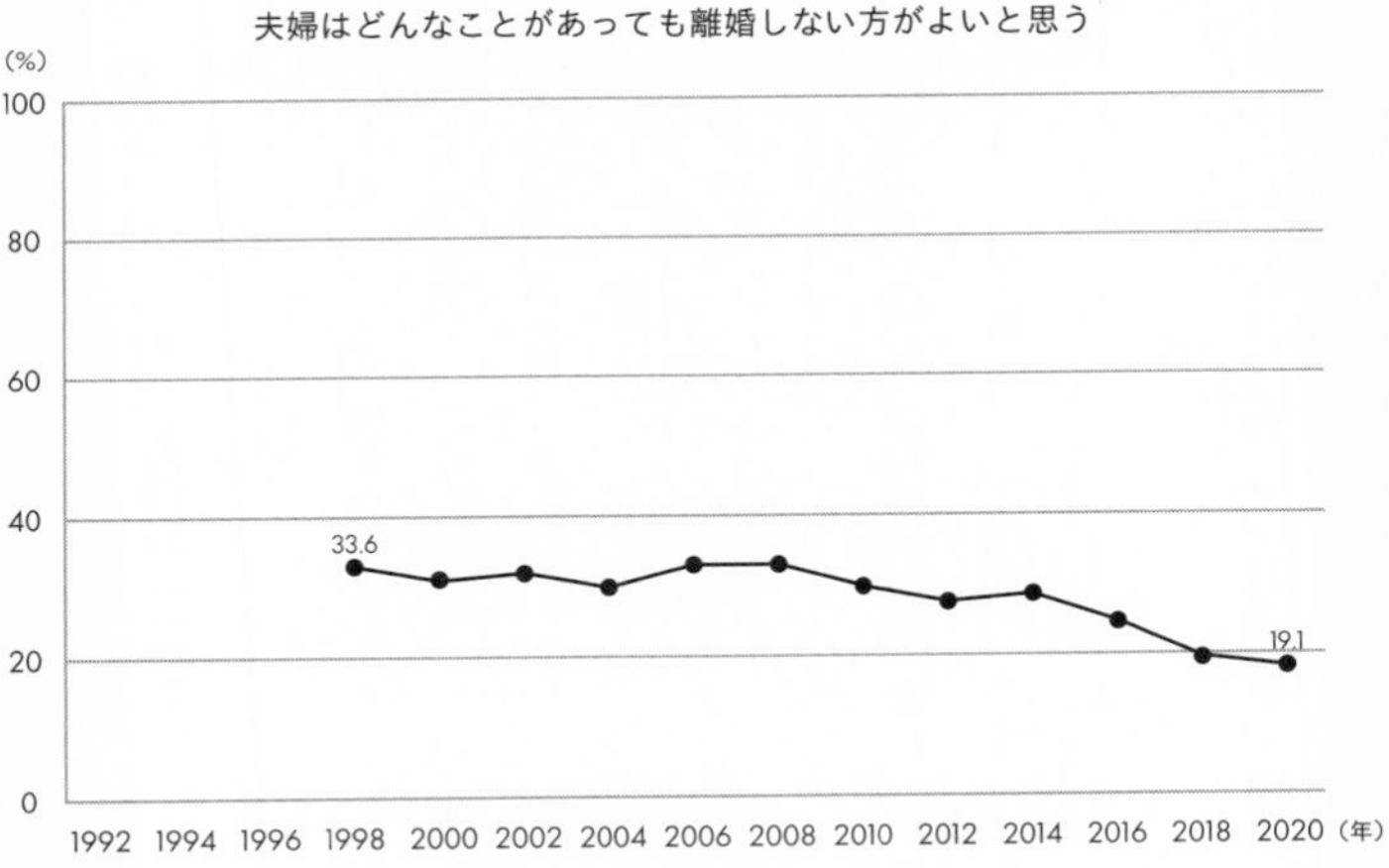

「生活定点」の「女性は子供ができても、仕事を続けた方がよいと思う」人の割合も1998年に40・9％だったのが、2020年では45・5％と上昇している。女性の社会進出が進み、家庭内でも妻の立場が強くなった。興味深いことに前述の「家族調査」で、2018年に「夫婦の依存意識」（※3）について聴取したところ、「妻がいないと暮らしていけないと思う」と答えた夫が67・1％もいた。一方、「夫がいないと暮らしていけないと思う」と答えた妻は59・5％。夫への依存度が下がれば、もう我慢する必要もない。当然離婚も増える。

厚生労働省の『平成28年人口動態統計』によると、平成元年の婚姻数は708、316組、離婚数157、811組で、平成14年から結婚数が減り始めるまでは、結婚、離婚数も上昇している。離婚家庭が増えたことにより家族構成も、母と子、父と子、祖母と母と子、祖父と孫など、色々な家族のスタイルがあってしかりと、人々が認めるようになって来た。その結果は車のCMにも現われた。車のCMといえば「両親と子供2人」という構図だったが、時代に合わせた家族の姿に変わっていった。

さらに家族意識を変えた未曾有の一大事が平成時代には起こっている。

平成23年3月11日の東日本大震災である。あの災害の光景に直面した結果、(被災地の苦しみに比べたら……)という想いを共有したことで、人々の心に思いやりが生まれた。

大震災から3ヵ月後、LINEがサービスを開始し、無料で多くの人々とコミュニケーションを取れるようになった。また、震災前の平成19年には、YouTubeが日本語版サービスを開始し、翌年、アメリカアップル社のiPhoneも日本で販売された。不安と悲しさでいっぱいの時に、子供を含む多くの人々がSNSを通じて感情を共有することにより、孤独や不安などのストレスから助けられて行った。そして、何もかも一瞬で失くしてしまう震災の経験から「大切なものは何か」を見つめ直すことによって、人々の気持ちが家庭に向かうようになった。

「生活定点」にも、家族の大切さが顕著に表れている。「満足しているものは何ですか?」という問いに対し、「家族の十分な話しあい」と答えた人の割合は、1998年には33・7%だった。その後、30%台で上がったり下がったりを繰り返すが、２０２０年には39・2％まで伸びている。

また、「円満な家族関係に満足している」と答えた人の割合も、２０１８年の49・2％から3ポイント上昇し、コロナ禍の２０２０年には52・4％になった。

「どのような時間を増やしたいですか？」という問いにも、「家族とすごす時間」と答えた人が、１９９６年は35・0％だった。２００８年、リーマンショックが起こった年は41・4％。２０１２年、東日本大震災の翌年には41・0％と厳しいできごとによって上昇し、その後下降してを繰り返す。いつ何が起こっても悔いのないようにと、災害や経済が大きな影響を及ぼしたからではないかと推測できる。

信じるものについて

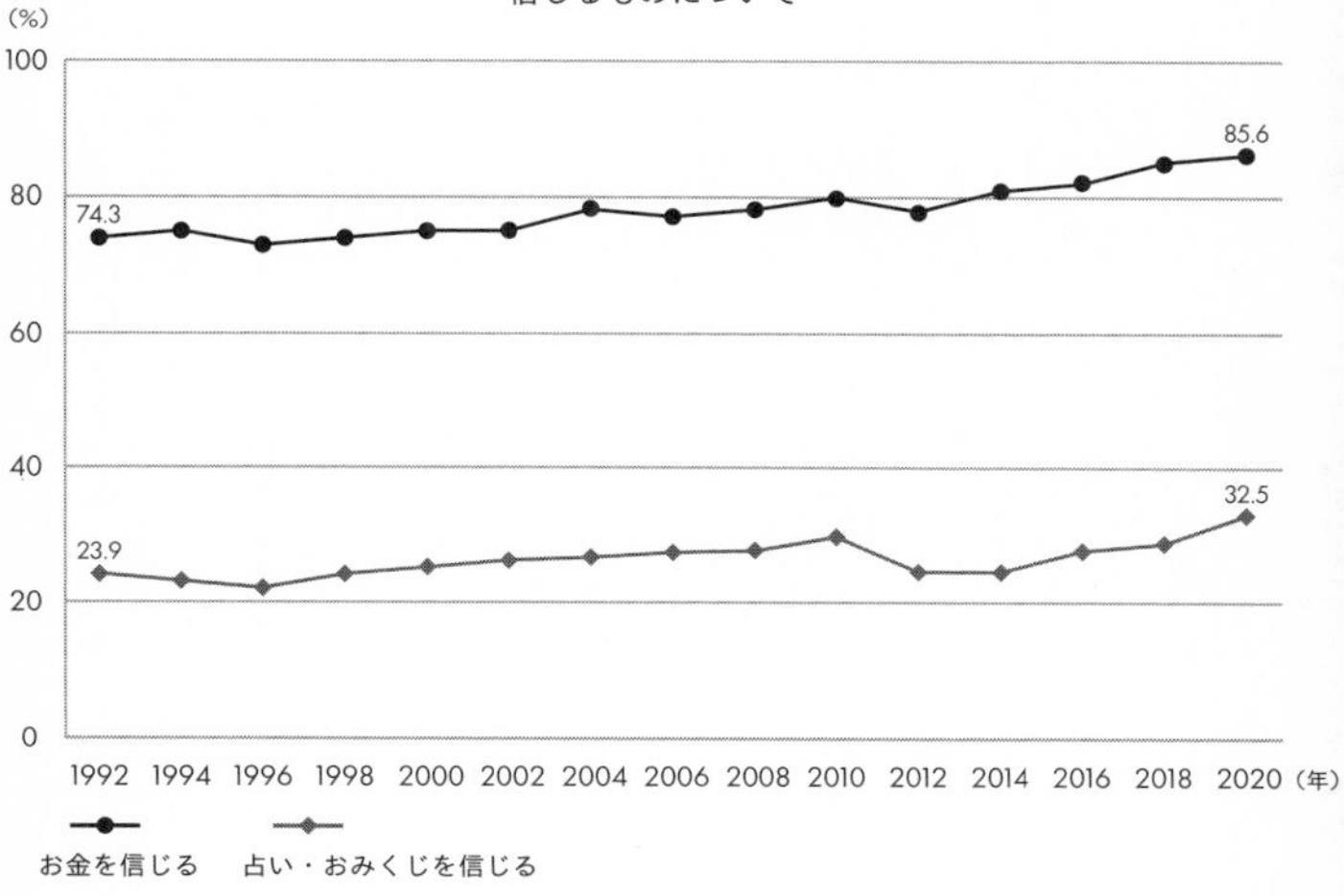

さらに「お金を信じる」と回答した人が、1992年（平成4年）には74・3％だったのが、2020年には85・6％まで上昇している。「占い・おみくじを信じる」と回答した人も1992年には23・9％だったのが、2020年には32・5％に上昇している。この結果は、家族が大切と気づいた一方で、不安が募っているという裏付けではないだろうか。お金は頼もしい自分の味方でもある。災害や倒産、失業、病気など、突然万一のことが起こった時、お金があれば頼ることができる。

占いやおみくじは、遊び心でする人もいる。が、不安や迷いがある時、希望を抱いたり、背中を押してもらうために占いやおみくじをする人も少なくない。

東日本大震災や、令和に発生したコロナ禍など、大きな苦悩が人々に「大事なもの」を見つめ直す機会にもなった。大雨や台風、地震、山火事、山崩れ、ウイルスなど、災害が急速に身近になったことにより、人間関係や家族など、当たり前のことを大切にしたいと思う人々が増えたことが平成時代の特長ではないかと私は思う。

しかしながら私には、とても気がかりなことがある。家族を大切にする人が増えた一方で、令和3年度内閣府発行の『子供・若者白書』(※4)によると、「SNSに起因する事犯の被害児童数」が2015年に1652人だったのが、2020年には1819人と増えている。学校内のいじめの重大事態も2015年の314件から4年後には723件と過去最高になった。

平成時代、インターネットが急速な発展を遂げた。「生活定点」では、「パソコンや携帯電話、スマートフォンを見ながら食事をすることが多い」と答えた20代から60代が、2012年には8・4%だったのが、2020年には19・4%にまで増えている。

平成に誕生したスマートフォン社会が、今後、人と人との繋がりをどう発展させていくか、あるいは衰退させていくのか、歴史が短いだけにまだ結果は出ていない。良くも悪くも、平成に生まれた科学が人と、どう関わっていくかが、令和時代の大きな課題になると私は期待と不安を抱いている。

※1　内閣府・年次経済財政報告による。バブル景気は、1986年から1991年まで続いた。

※2　妻の年齢が20～59歳で、夫がサラリーマンの夫婦600世帯を対象にしたアンケート調査。博報堂生活総合研究所で進めている研究「家族30年変化」の一環。

※3　2018年のみ調査。

※4　「子供・若者白書」は、子ども・若者育成支援推進法に基づき、内閣府が毎年作成し、国会に報告・公表をする法定。新たな「子供・若者育成支援推進大綱」の策定による。

家田荘子（いえだ・しょうこ）

作家・僧侶（高野山本山布教師・大僧都）、日本大学芸術学部放送学科卒業、高野山大学大学院修士課程修了。高野山高等学校特任講師、高知県観光特使、大阪府泉佐野市観光大使、二十七宿鑑定士、宿曜占星術アドバイザー。女優、OLなど十以上の職歴を経て作家に。1991年、『私を抱いてそしてキスして― エイズ患者と過した一年の壮絶記録』で大宅壮一ノンフィクション賞受賞。2007年、高野山大学にて伝法灌頂を受け、僧侶に。住職の資格を持つ。高野山の奥の院、または総本山金剛峯寺にて駐在（不定期）し、法話を行っている。著作は『極道の妻たち』®、『歌舞伎町シノギの人々』、『四国八十八ヵ所つなぎ遍路』、『少女犯罪』など137作品。近著は、『熟年婚活』（角川新書）、『大人の女といわれる生き方』（さくら舎）、『バブルと寝た女たち』（講談社文庫・電子書籍）、『別れる勇気』（さくら舎）。YouTube にてディープな『ダークサイド探求バラエティ』を配信中。

サヘル・ローズ

心に育む、豊かなアナタを

「あなたの生活は、豊かですか?」という質問にアナタなら、どう答えますか?

そもそも「豊か」という言葉の持つ意味合いが幅広いと私個人は感じています。

ただ、大きくわけて、「心が豊かなのか?」または、「金銭的な豊かさなのか?」で、今回は言葉を綴《つづ》っていきます。というのもこのテーマは私自身、昔から考えていた事でもあるからなんです。

私は1985年にイランで生まれ、物心ついた時からイランの孤児院（児童養護施設）で生活していました。当時、養子縁組で私を養子にしてくれた養母が必死で働き、また多くの支えがあったからこそ、今の生活があります。しかし、一時期は住む家もないことや、家はあってもお風呂無し、トイレ共同、お湯も出ないワンルームでの生活、冷蔵庫は食品を入れる場所だなんて知らなかったくらい……食品が入っていなかったので、灯り代わりにするくらい、いつも眩しかった。あっ、決して哀れんで欲しくてこれらを書いているのではありません。この様な生活を送っていたと聞くと、確かに豊かではないと思われるかもしれません。でも不思議な感覚なのですが、私と母には十分「豊か」でした。金銭的な部分ではなく、心的には、です。

スーパーの試食コーナーで空腹を満たしていた時も、それはそれで「豊か」でした。定食でもない、レストランでもない、ふたくちの試食の味が幸せでね、ずっと噛み締めて食べていました。量や豪華さは関係ない、私を愛してくれる養母と、有り難いと思ってそれらを戴くことは本当に幸福だったのです。帰る場所は公園のベンチでしたけど。

今回、私が考える「豊か」というテーマについて、私個人の解釈に過ぎないのですが、何か新しい「豊かさ」を皆さんと共有できればと思っています。なぜなら、SNSの発展により、人は自分の「豊かさ」を他者と比較してしまう事が多いからです。

なんだか、いきなり結論を言ってしまいますが、「豊か」という感情は自分の中で育まれるものです。「生活定点」データでは「生活は豊か」と答えている人は、1998年から2020年の間に増えていますよね。ただ、きっとそれはほんの一部の人だけだと思います。

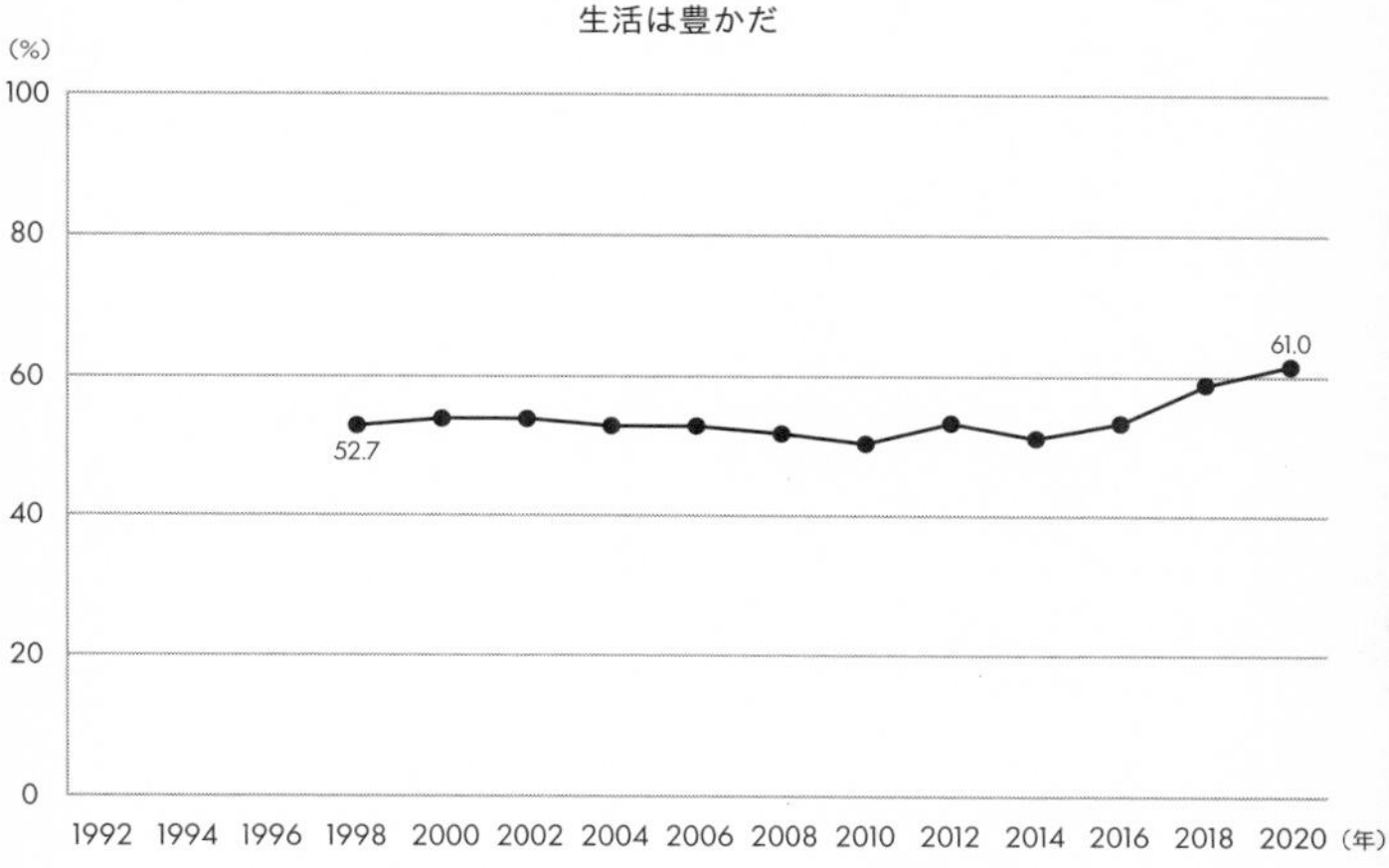

私の体感では、特にコロナ以降加速してしまったのが、若い世代の路上生活者。気づいていましたか？　高架下や公園、川沿い、どうか視線をスマートフォンの画面から上げて、街を見渡して欲しい。衣服・スーツケースから見ても、ここ数ヶ月で路上生活をせざるを得ない人々は増えています。また、近所の人々の話を聞くと、生活が困窮している方は明らかに増えたのです。私自身も不安な気持ちでいっぱいです。もし、働けなくなったら、家族は支えられるのか？　食費、家賃、医療費等。これらを考えない日はない。今、生きている。きっとそれだけで人間は幸せで豊かなはずなのに、「豊かさ」を「お金」と考えた瞬間に全てが崩れ落ちる。

小さい頃の事を例にお話をしてみますね。生活が苦しかった時期、他の子みたいな玩具やゲーム機が無くても、石ころや砂遊びに私は満足をしていました。それが、どんどん成長していくのにつれて、周りが持っているものを羨ましくなりだし、生活レベルの違いなど、他者と異なることに不安を感じだしました。バイトをしだしてからはみんなが持っているものが欲しくて、必死で働いていたけど、「お金」のために心を押し殺して働く事に精一杯になり、いつの間にか自分を否定し、肯定をすることを忘れてしまいました。

　あの時の私は「人にどう見られているか？」が大切でした。今は違いますが、目に見える「豊かさ」を求めても、それが幸せで自分らしい、とは限らない事を学んだのです。だからこそ、このデータも個人的に興味深かったです。「豊かさ」の数値が低い時は、「自力自信」は高い。1990年代から2000年代前半の、あの素朴な時代の方が、自分らしさが活きていた気がします。物価ももちろん違う時代ではあり

生活は豊かだ／自力自信（自分自身の力による自信）がある

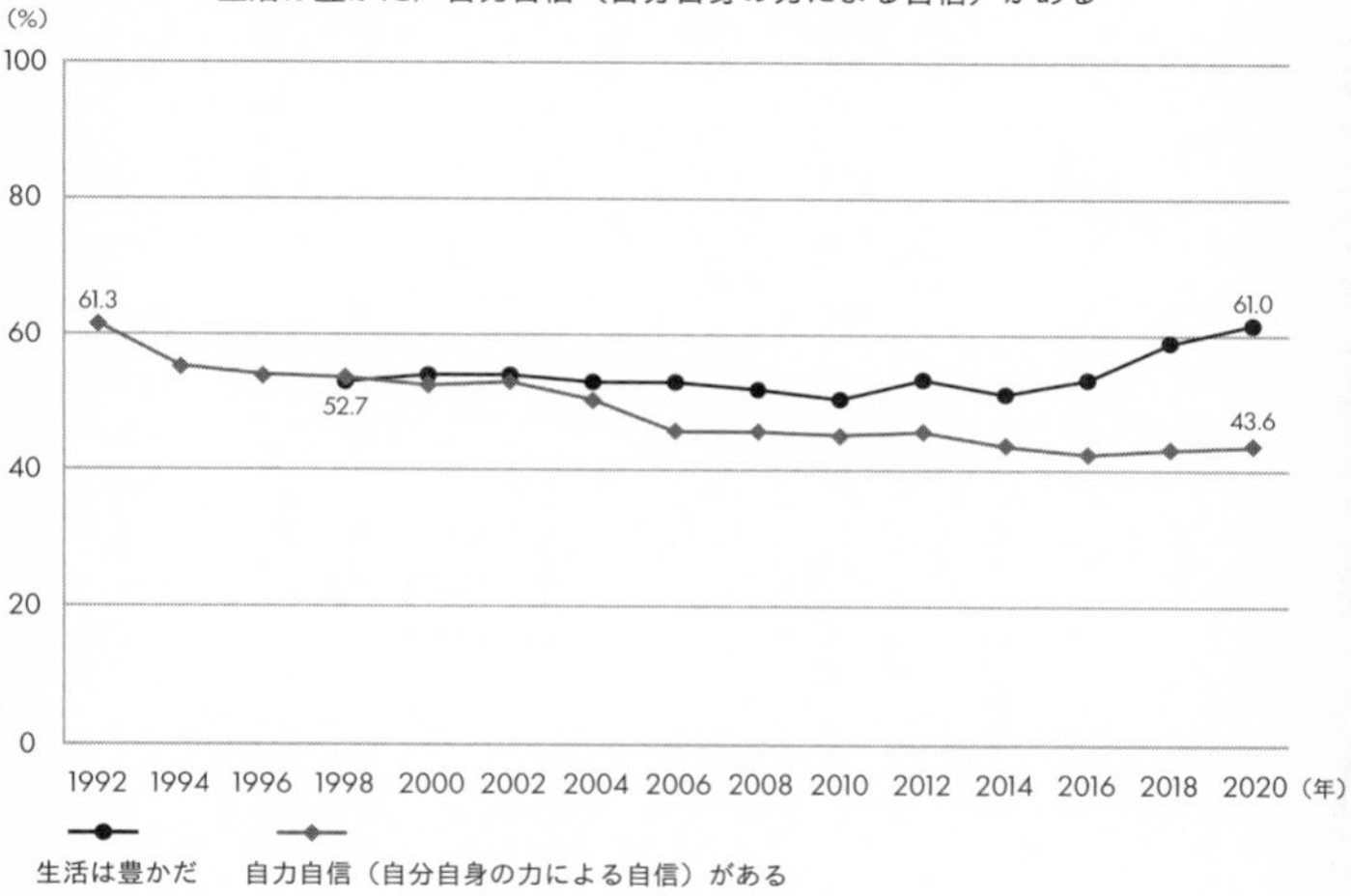

ましたが、今のような殺伐とした時代ではなかった。心にゆとりがあったあの頃は、人々の自力自信はやはり高いです。

しかし、「豊かさ」の数値が上がると今度は「自力自信」が低くなっていく。豊かになるというのは「便利な世の中」になったという上辺の部分の方が大きいと思います。例えば、全世界でスマートフォンの普及率が上昇し、SNSの中に自分の小部屋を作ってそこに籠ってしまう事もある。見たいものしか見ない、人に会うことも必要なくなる。Twitter やLINEなど、ソーシャルメディアによって飛び交う言葉の刃によって傷つけられ、自分を否定してしまい、結果的には自力自信が下がっていく。そういった事を踏まえると、残念ながら世界が発展し、豊かになればなるほど、対人関係は薄まり、人は孤独になりやすいのかもしれません。

大切なのは、手抜き工事がされていない豊かさにする事なのです。

あと興味深いのが、2014年には「お金を信じる」人が「愛を信じる」人のパーセンテージを逆転したというデータ。

　この時期のニュースを振り返ってみると、日本銀行の追加金融緩和により、7年ぶりの円安・株高が急速に進んでいるんです。円安によって原材料・燃料の輸入価格は上がり、食品や日用品が値上がりしています。一例にしか過ぎませんが、でもこの時期の世の中を読み解くにはいい例ではないでしょうか？　それらはやはり生活を圧迫していきます。そうなると、愛を信じる暇なんてないのです。明日、我が子を、生活費を、会社の運営を……自然とお金の存在は大きくなっていきますよね。

　昔は、愛があればお金なんて必要ない、愛が

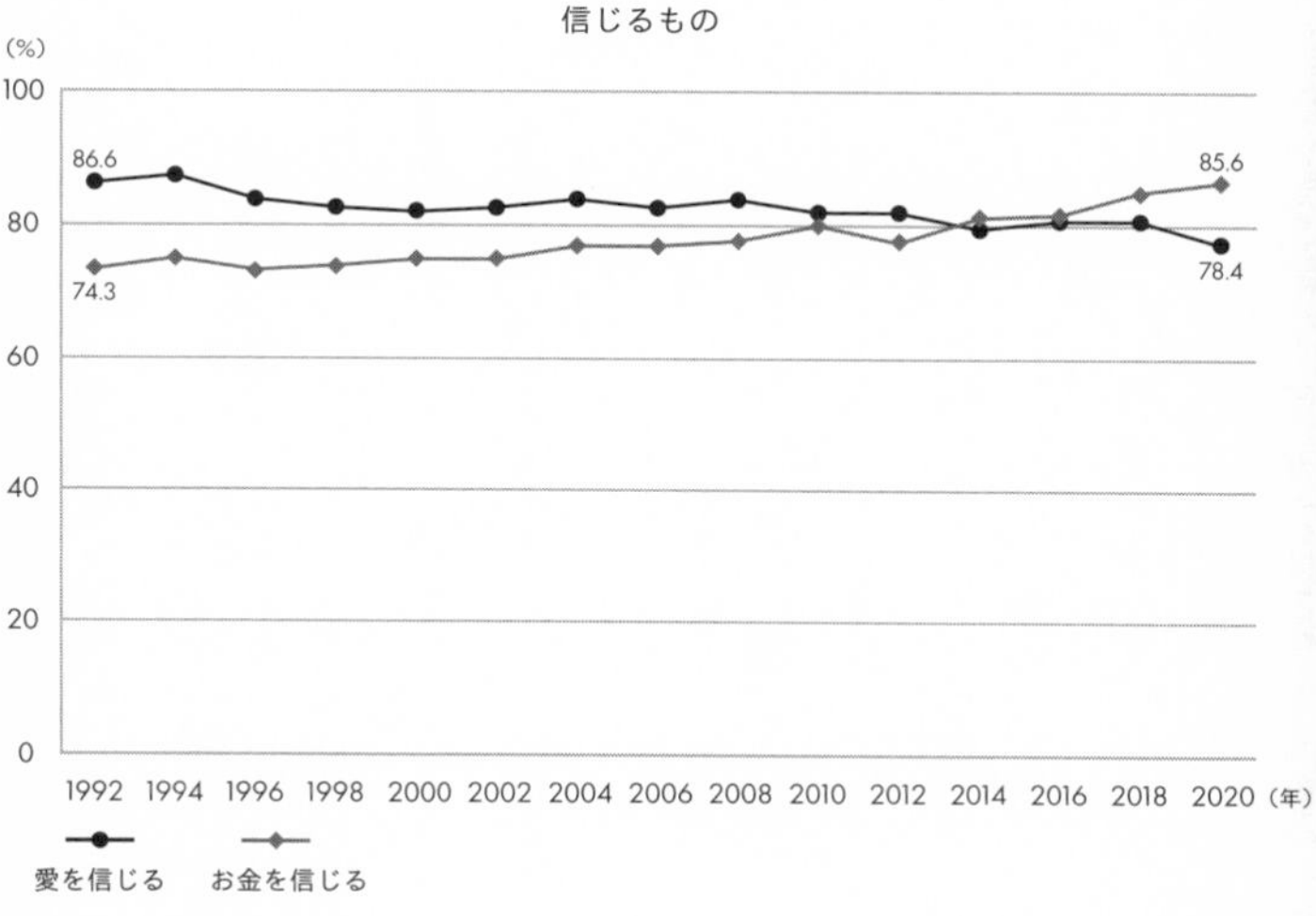

全てを解決してくれる、などと言われていましたが、時代と共に「お金」が「愛」に勝ってしまった。ちょっと切ないです。

私はよく母にこう言っていました。「お母さん、私、愛があれば生きていける」と。

しかし人生経験豊かな母は「愛はお腹を満たす事も、病気を治す事も、教育を与える事もできない。愛は必要よ、ただ豊かじゃないと愛も感じられない」と。ごもっともでした。愛だけでは人間は生きていけない。でも、お金だけあれば、正直、生きてはいける。それが幸せと感じるのなら、それがその人の「豊か」なのかもしれないです。否定はしません。幸せの味付けは人それぞれなので。ただね、この時代、いや、これから先の若い世代には自力自信を高めて欲しい。自分を否定せずに、他者と比べずに、肯定してあげて、自分自身を。

日本社会で長く暮らしていて思う事は、働く事が前提の人生が、多くの国民にのしかかっている。確かに働かないと生きてはいけない。でもそれは、一度きりの、この人生を「豊か」にすごす事なのだろうか？　私たちはロボットではない。起きて、働いて、食べて、寝る。私も意識をしないと、このルーティンを繰り返しています。その度に心がすり減るのがよくわかります。でも、怖いんですよね、生きるためには働かないといけないから。

でも、そこに一つ付け加えてみませんか？　家族や自分との対話。周りを見る習慣。アナタが誰かを羨ましがるのと同じように、誰かもアナタを羨ましがっている。愛という漢字には心が宿っています。お金も必要だけど、明日、万が一、アナタが亡くなっても、お金をあの世には持ってはいけない。でも「豊かさ」は？　アナタの最期は穏やかな心であって欲しいのです。愛を信じて欲しい。愛はお金にはならない。けど、愛を持って人と繋がり、互いを思いやれるだけで、助け合える。

今、この時代に欠けていることは「助け合い」だと思っています。孤立化してしまう事が多いです。自力自信は孤立からは生まれてこない。相手がいて、育まれていく感情ではないでしょうか？　お金があっても、相手の心の受け皿になる事はできない。今、家があっても食べる物があっても、心の帰りつく場所がない。日本における自殺者数は、２０１０年以降減少傾向にありましたが、コロナ禍にあった２０２０年は、２万９１９人も出ています。

この社会で生きるために働いていても、自分のために生きられなくなっている人は本当に多いのだと思います。そしてそういう人がＳＯＳの信号を出していても、かき消され、誰にも気づかれない悲鳴も多いのです。だからこそ、愛を信じていたい。アナタが誰かの心の拠り所になれたら、今度はアナタも誰かに寄りかかれる。

「経済的に豊か」だから生きやすいとは限らないからこそ、そこに執着をせずに生きてみませんか？

それを学んだ大きなきっかけがあります。自分の活動であらゆる国へ行くのですが、ストリートチルドレンの子どもたち、貧しい家の子どもは、学校にも行かずに何キロも先まで、家のために水を汲みに行く。女の子たちは早く結婚させられ、人権すら持たせてもらえない。そういった人々が世界中には溢れています。先進国と呼ばれる日本では見る事のない光景ばかり。

私たちから見たら、それはきっと、普通じゃない、豊かではないと感じるかもしれませんが、実は多くの子どもたちにとってはそれが「豊か」なんです。どういう事かと言いますと、与えられた、置かれた状況を彼らは普通だと感じ、目をキラキラさせながら、自分たちのやりたい事を語ってくれるんです。そう、その人にとっての豊かさは、生まれた環境、育ってきた状況によって変わるのです。

日本で生きる私たちに必要な事は、まずは自分を愛する事。自分を愛せた時に、次に他者も愛せるから。お金も必要、でも愛も必要。そしてアナタ自身が自分を愛して、自信を持って生きてほしい。こういう時代だからこそ、互いを孤立させない。生きるために必要なのは、調和と互いに共存する社会だと思います。私たち親子が何もなくても、周りの支えや優しさを噛み締め、「豊か」だと感じていたように。ちゃんと、アナタの存在が、優しさが、誰かの「豊かさ」になっていきます。「豊かさ」の種まきをしていきませんか？

サヘル・ローズ（さへる・ろーず）俳優

1985年イラン生まれ。8歳で来日。日本語を小学校の校長先生から学ぶ。舞台『恭しき娼婦』では主演を務め、主演映画『冷たい床』では、ミラノ国際映画祭で最優秀主演女優賞を受賞するなど映画や舞台、俳優としても活動の幅を広げている。第9回若者力大賞を受賞。2020年にはアメリカで人権活動家賞も受賞。芸能活動以外にも、国際人権団体NGOの「すべての子どもに家庭（かてい）を」の活動で親善大使を務めている。

小川さやか

苦手な人びと、親しくない人びとに贈り物をしよう

孤独の世紀？

私は高校に入学する以前にバブルが崩壊し、大学を卒業すると就職氷河期であった。私を含めた氷河期世代やロストジェネレーション世代と呼ばれる現在30代半ばから50代半ばまでの人びとの中には、今でも非正規雇用等の不安定な雇用に苦しんでいる者が多いとされる。氷河期世代からみた平成は、経済的な不安定性が増し、顕示的な消費をしなくなり、対面的な交流がメールやSNSに徐々に置

き換わり、漠《ばく》とした閉塞感《へいそく》が社会をむしばむ時代でもあった。

この閉塞感の正体は何だろうか。ユニバーシティ・カレッジ・ロンドンの名誉教授ノリーナ・ハーツは、その重要な一つとして「孤独」を挙げる。彼女は、著書『THE LONELY CENTURY』で、孤独とは親密な人間関係が欠如した状態だけでも日常的に交流する人に無視されているとか大切にされていないといった感覚だけでもなく、一般市民や雇用主、地域社会、政府の支援やケアがないという感覚、正当に扱われていないという感覚、政治的・経済的に排除されているといった感覚を含むものだと定義する。孤独は、個人の心の持ちようだけでなく、タバコを1日15本吸うよりも身体に悪影響を及ぼし、経済を停滞させたり、政治的分断を促進したりする要因にもなる、社会的な課題なのだ。

ハーツは、こうした孤独は、1980年代に確立した新自由主義のイデオロギーが現代的なライフスタイルに伴って、仕事や人間関係、都市やオフィスのデザイン、政府による市民の扱い方、スマートフォン依存症、そして人の愛し方といったすべてに影響を及ぼすことで根深く社会に浸透していったと述べる。これらはすべて日本では平成に生じた変化であるが、その一つ一つはささやかなものだ。

人づきあいの面倒くささ

私はふだんタンザニアの商人を対象として文化人類学的な研究をしている。タンザニアの大多数の人びとの暮らしは日本人よりも貧しく、彼らが生きる環境は日本社会よりも不安定である。経済格差も拡大傾向にあり、政治に対する不満はしばしば暴動などの暴力的な形をとって噴出する。それでもタンザニアで暮らしていると、孤独はあまり感じない。偶発的な交流やふれあいの機会、さほど親しくない相手とのやりとりが日々の生活のなかに埋め込まれているのだ。長屋では、近隣住民と協働せずに暮らすのは困難だ。長屋から都市中心部の市場まで通勤する途中には、ちょっとした空きスペースや路肩に人びとがたむろしており、目的地にたどり着くまでに何十人もの人間と挨拶を交わす。バスに乗り込めば、隣りあった見知らぬ人と話が弾み、乗客全員を巻きこんだ議論になる。市場では、商売仲間や客と雑談に花を咲かせ、店じまいの後は路肩の青空カフェでその日に出会った者たちと会話する。

日本の都市部で暮らす住民には、こうした濃密な関係性は苦手だと感じる人が多いだろう。実際、「生活定点」調査によれば、「人づきあいは面倒くさいと思う」と回答した割合は、1998年（平成10年）の23・2％から2020年の35・0％まで徐々に増加している。「友人は多ければ多いほどよいと思う」は1998年の57・2％から2020年の18・0％と大幅に減少し、「自分は誰とでも友だちになれる」も1994年の42・9％から2020年の27・2％と同じく減少している。だが、ハーツが述べるように、この人づきあいの面倒くささは、現代的なライフスタイルの積み重ねのなかで増幅されたものでもある。ヘッドホンをつけて歩くことは都会の喧騒《けんそう》だけでなく偶発的な他者との出会いもシャットアウトする。隣りあう同僚と結論のみのメール連絡をしたり、店に出かけずオンラインショッピングで済ませたりすることで、物理的な交流の機会が自然に減少すれば、人づきあいは下手になり、下手になれば、人づきあいはますます面倒に感じられるようになる。コロナ禍でクローズアップされた、オンライン会議システムやギグ・エコノミーなどのコンタクトレスな社会を可能にするプラットフォームも、使い方しだいでは、孤独の蔓延《まんえん》に拍車をかけうる。

東日本大震災が起きた2011年、日本漢字能力検定協会はその年を象徴する漢字に「絆」を選んだ。それから10年、コミュニティやネイバーフッドの復興が叫ばれ続けてきた。しかし大半の人びとにとって、身の回りに頼れる人間関係をいまさらどうやって築いたらよいのかはわからないのではないだろうか。コミュニティ活動自体が面倒くさいし、見知らぬ者とのやりとり自体がストレスなのだ。でも私たちの人づきあいの苦手意識がライフスタイルの積み重ねの結果なのだとしたら、それを和らげるヒントも、そのなかにある。以下では、「生活定点」調査に立ち現れているささやかな生活の変化のなかから一つを挙げて、令和の時代の孤独を和らげるヒントを模索してみたい。

儀礼的な贈与の減退

「生活定点」調査をみて、あらためて実感したことの一つに、儀礼的な贈答《ぞうとう》文化の衰退がある。調査によれば、「お中元は毎年欠かさず贈っている」と回答した割合は、１９９４年（平成6年）の58・２％から、２０２０年には23・７％に減少、「お歳暮は毎年欠かさず贈っている」は、１９９４年の61・８％から２０２０年には25・４％に減少している。これに対して、母の日や父の日などにプレゼントを贈る割合は微増しており、「自分へのごほうびとして自分にプレゼントを購入した」と回答した割合は、１９９８年（平成10年）の29・０％から２０２０年には46・４％に増加している。すなわち、贈答そのものが減少したわけではなく、人びとはそれ

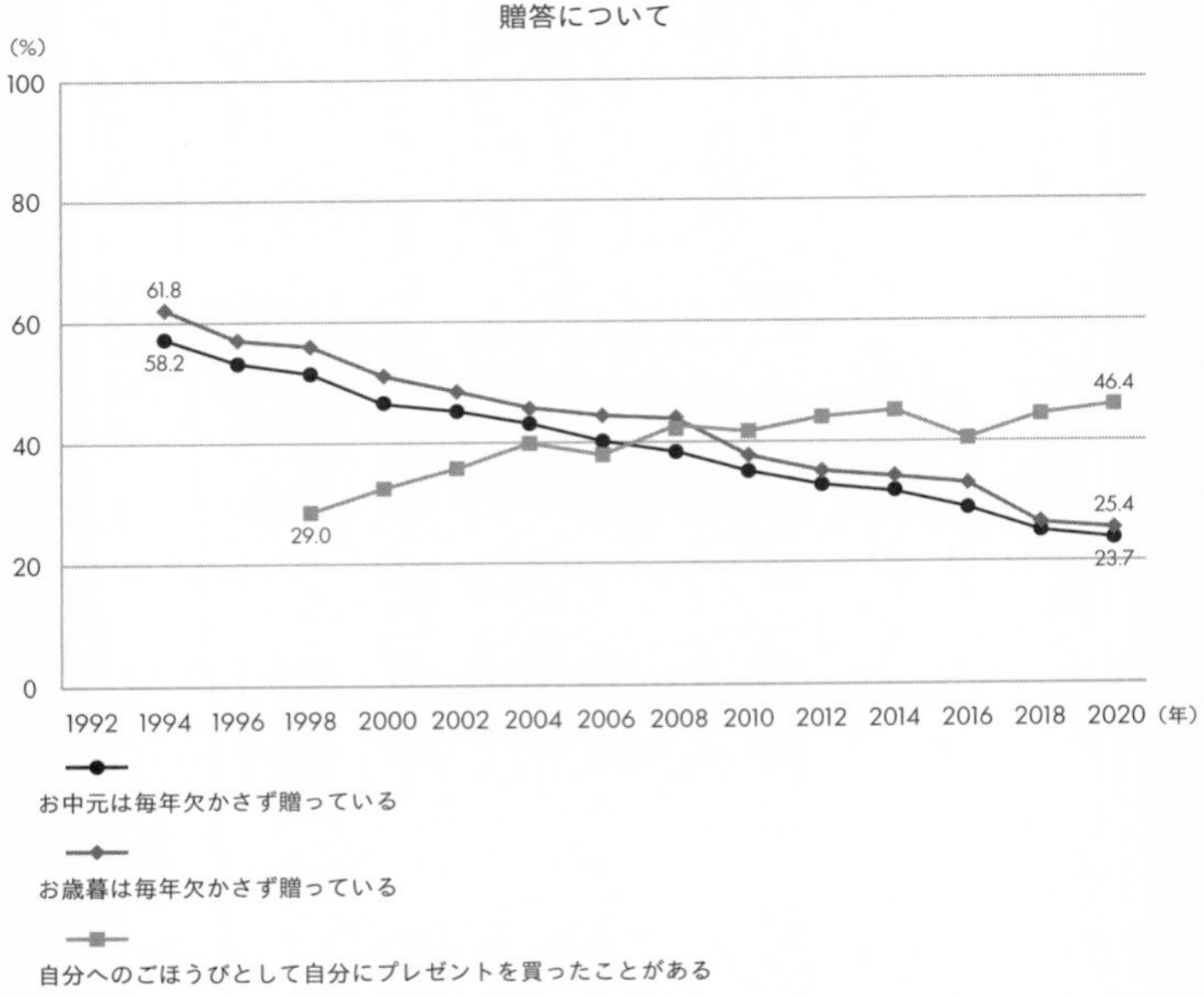

まで半ば義務的におこなっていた贈答を控え、代わりに家族や親しい関係、あるいは自身に対する贈与を増やしたのだ。

人類学的にみると、儀礼的な贈答文化は、社会や共同体を後付け的に築くしかけの一つである。人間は親しい関係があるから贈り物を交換するばかりではなく、「しきたり・慣習だから」と贈り物を交換しあうことによって、「私たちは互いに気にかける関係である」「世話をする－される関係である」といった了解を事後的に作りだし、個人的な親密さを超えた社会・共同体を創造・維持してもきた。

バブル期の顕示的消費から一転し、平成の大不況を通じて給与が増えても豪奢《ごうしゃ》なモノを買いたがらない「嫌消費」世代の台頭や、モノの消費からコトの消費への転換、環境や社会的公正さに配慮した倫理的市場の勃興、ごく近年のミニマリズムに至るまで、消費のありかたは大きく変化してきた。そのなかで「しきたりや慣習」といった不合理な贈与のための消費は、真っ先に削られた。バレンタインの義理チョコも余計な気をつかうだけだし、土産を大量購入するのは無駄であり、非計画的な買い物をして余すことは家計的にも環境的にも望ましくないことだ、と。しかし土産を配ったり、おすそわけをしたりすることには、他者と雑談する「ついで」の交流を生みだし、相手に敵意のないことを示し、よそ者を包摂し、借りや恩を回して何かあった時に気にかける人びとをつくる効果がある。

コミュニティやネイバーフッドは一般的に、あなたがわたしにしてくれたことをお返しするという好循環の互酬《ごしゅう》性を生みだすことで築かれる。その循環は、誰かが他者との未来を信じて「贈与」という賭けをすることからしか始まらない。シェアリング経済のプラットフォームもクラウドファンディングを通じた支援もよいけれど、目的的ではない贈り物にも意味はある。身近に苦手な人びとがいたり、人づきあいが面倒に感じたりする方は、唐突な贈り物をしてみてはどうだろうか。平成の時代に失われた、親しくない者たちへの贈与のしかけを令和の時代にあわせて再興する試みは、きっと孤独な未来を変えてくれる。

小川さやか（おがわ・さやか）

1978年愛知県生まれ。専門は文化人類学、アフリカ研究。京都大学大学院アジア・アフリカ地域研究研究科博士課程指導認定退学。博士（地域研究）。立命館大学大学院先端総合学術研究科教授。著書に、サントリー学芸賞（社会・風俗部門）を受賞した『都市を生きぬくための狡知―タンザニアの零細商人マチンガの民族誌』（世界思想社、2011年）や、2020年に河合隼雄学芸賞、大宅壮一ノンフィクション賞を受賞した『チョンキンマンションのボスは知っている』（春秋社、2019年）などがある。

博報堂生活総研《はくほうどうせいかつそうけん》のキラーデータで語《かた》るリアル平成史《へいせいし》

二〇二一年一二月二二日 第一刷発行

編者 博報堂生活総合研究所《はくほうどうせいかつそうごうけんきゅうじょ》

発行者 太田克史《おおたかつし》
編集担当 片倉直弥《かたくらなおや》
編集協力 中川淳一郎《なかがわじゅんいちろう》・我妻弘崇《あづまひろたか》

アートディレクター 吉岡秀典《よしおかひでのり》（セプテンバーカウボーイ）
デザイナー 五十嵐《いがらし》ユミ
フォントディレクター 紺野慎一《こんのしんいち》
校閲 鷗来堂《おうらいどう》

発行所 株式会社星海社
〒一一二-〇〇一三
東京都文京区音羽一-一七-一四 音羽YKビル四階
電話 〇三-六九〇二-一七三〇
FAX 〇三-六九〇二-一七三一
https://www.seikaisha.co.jp/

発売元 株式会社講談社
〒一一二-八〇〇一
東京都文京区音羽二-一二-二一
(販売)〇三-五三九五-五八一七
(業務)〇三-五三九五-三六一五

印刷所 凸版印刷株式会社
製本所 株式会社国宝社

ISBN978-4-06-526157-6
Printed in Japan

207
SEIKAISHA SHINSHO

星海社新書ラインナップ

1　武器としての決断思考　瀧本哲史

「答えがない時代」を生き抜くための決断力

教室から生徒があふれる京都大学の人気授業「瀧本哲史の意思決定論」を新書１冊に凝縮。これからの日本を支えていく若い世代に必要な〝武器としての教養〟シリーズ第１弾。

9　20歳の自分に受けさせたい文章講義　古賀史健

「書く技術」の授業をはじめよう！

なぜ「話せるのに書けない！」のか。若手トッププロライターの古賀史健が、現場で15年かけて蓄積した「話し言葉から書き言葉へ」のノウハウと哲学を、講義形式で一挙に公開！

25　キヨミズ准教授の法学入門　木村草太

日本一敷居の低い、法学入門書！

喫茶店で、不思議な大学の先生と出会ったことから、僕は法学に興味を持つことに……。気鋭の憲法学者×漫画家・石黒正数。「法学的考え方」を小説で面白く学べる、最高の法学入門！

SEIKAISHA SHINSHO

30 投資家が「お金」よりも大切にしていること 藤野英

人生で一番大切なカネの話をしよう

お金について考えることは自らの「働き方」や「生き方」を真剣に考えることと同義です。投資家・藤野英人が20年以上かけて考えてきた「お金の本質とは何か」の結論を一冊に凝縮。

62 声優魂 大塚明夫

悪いことは言わない。声優だけはやめておけ

確かな演技力と個性ある声で、性別と世代を超えて愛され続ける唯一無二の存在、大塚明夫。本書は、そんな生きる伝説が語る、生存戦略指南書である。「一番大事なのは、生き残ること」

64 いいデザイナーは、見ためのよさから考えない 有馬トモユキ

いいデザインには、ロジックがある！

「デザイン」は、「デザイナー」と呼ばれる人たちの専売特許ではありません。センスや絵心のせいにするのはいい加減やめにして、共に「デザインの論理」について学びませんか？

星海社新書ラインナップ

73 熱狂する現場の作り方

サイバーコネクトツー流ゲームクリエイター超十則　松山洋

休むな。闘え。

希代の経営者でありゲームクリエイターである著者が明かす、「熱狂する」現場と、「熱狂させる」ゲームの作り方。「誰でもできるけど誰もやらないことをやる。それだけ」。

74 白熱洋酒教室　杉村啓

人生を変える一杯は必ず見つかる。

ウイスキー、ラム、ブランデー……世界中で愛される蒸留酒。「度数が高いから」「難しそうだから」で敬遠するのはもったいない！　味覚を育てながら、最高の一杯を探しましょう！

75 今すぐ中国人と友達になり、恋人になり、中国で人生を変える本　井上純一

今すぐ中国人と友達になろう！

大ヒットエッセイ漫画『中国嫁日記』の井上純一が、中国人の人付き合いの論理と極意を直伝。キーワードは、“利害関係”と“身内”。ルールさえわかれば、きっと今すぐ仲良くなれる！

SEIKAISHA SHINSHO

星海社新書ラインナップ

80 下水道映画を探検する 忠田友幸

下水道から映画を観る！
前代未聞の映画ガイド！

知られざる映画の名脇役、それは“下水道”!?　ネズミにモンスター、逃走路に脱獄まで、８つの分類で映画の中の下水道を徹底解説！　さあ、本書を道しるべに、探検を始めよう！

83 大塚明夫の声優塾 大塚明夫

埋没するな！
馬群に沈むぞ！

一夜限り、“本気”の人たちだけを集め行われた声優塾。大塚明夫本人が全国から集まった16人の生徒と対峙したその貴重な記録を一冊に凝縮した、実践的演技・役者論！

84 インド人の謎 拓徹

なぜ、カレーばかり
食べているのか？

神秘、混沌、群衆……とかく謎めいたイメージのつきまとうインドですが、神秘のヴェールを剝いでしまえば「普通の国」!?　インド滞在12年、気鋭の著者による圧倒的インド入門書！

星海社新書ラインナップ

87 白熱ビール教室 杉村啓

いま、日本のビールは黄金期を迎えている！

次々と登場するクラフトビール、海外の名だたる賞を次々に受賞する大手ビールメーカー、毎月のように行われるビールイベント——。さあ、「ビール黄金期」を一緒に味わおう！

88 完全対訳 トランプ・ヒラリー・クルーズ・サンダース演説集 何が勝負を決したのか？ 西森

「演説」がアメリカの歴史をつくっていく

2016年大統領予備選挙はアメリカ史に残る、誰も予想できない展開をみせた。いま何が起きていて、これから何が起ころうとしているのか。それを読み解く鍵は、「演説」にある！

89「今」こそ見るべき海外ドラマ 池田敏

刺激的な海外ドラマの世界にとびこもう！

かつて二流とよばれた海外ドラマ産業の快進撃は、どのようにして繰り広げられたのか？　その歴史と最新の動画配信サービスの仕組みから、海外ドラマのヒットの秘密を解き明かす！

SEIKAISHA SHINSHO

92 謝罪大国ニッポン　中川淳一郎

日本人は、なぜ謝り続けるのか？

ネット編集者・ライター、PRマンとして数多くの謝罪を目撃し体験してきた筆者が、現代社会に渦巻く謝罪の輪廻の実情と原因を豊富な事例とともに検証・分析する！

99 アニメを3Dに！　松浦裕暁

3DCGが、日本のアニメを変革する！

3DCGアニメのパイオニア「サンジゲン」の代表自らが筆を取り、3DCGが日本のアニメ業界にもたらした衝撃を熱弁。日本のものづくりが世界と戦うために必要なものがここにある！

100 スーツに効く筋トレ　Testosterone

ビジネスマンこそ、筋肉が必要なのだ。

一流のエリートが実践する、集中力・パフォーマンス・コンディションを最大化する最強メソッド――それが筋トレだ。やれば「結果」につながる、ビジネスマンのための筋トレ本！

159　なぜオスカーはおもしろいのか？　メラニー

受賞予想で楽しむ「アカデミー賞」！

映画会社に23年間勤務しながらアカデミー賞の受賞予想をし続けてきた著者が、誰にでもできる受賞予想テクニックを余すことなく伝授！

161　理系のための文章教室 もう「読みにくい」とは言わせない！　藍月要

なぜ「理系の文章」は読みにくいのか？

世の中で「読みにくい」と言われがちな理系の文章。
原因は「いい文章とは何か」を巡る社会とのギャップにあり!?
「読みやすい」と言われるコツを理系ラノベ作家が伝授します。

170　コンビニ・ダイエット　浅野まみこ

コンビニ食で、ラクしてやせる！

１万8000件以上の栄養相談を実施してきた管理栄養士が、
無理な我慢ゼロで、やせることができるダイエットテクニックをオールカラーレシピ付きで紹介します！

SEIKAISHA SHINSHO

171　移動・交易・疫病　命と経済の人類全史　玉木俊明

人類の移動は歴史をどう変えてきたのか!?

新型コロナ禍で人の移動が激減したアフターコロナの世界像を、経済的・文化的に人類の進歩に不可欠だった「人の移動」を歴史的に捉え直すことで、新しい角度から考察する一冊。

172　NHK「勝敗を越えた夏2020　～ドキュメント日本高校ダンス部選手権～」高校ダンス部のチームビルディング　中西朋

「同調」と「個性」は両立できるのか？

部活ダンスから紐解く、日本の未来のチーム像。
高校生に寄り添い続けた200時間に及ぶ密着取材、ここに完全収録。

173　弱い男　野村克也

野村克也、最後のぼやき

「老い」「孤独」「弱さ」に向き合って生きてきた野村克也が、死の直前に語った10時間に及ぶ貴重なインタビューを収録。一流の「弱さ」に満ちた最後のメッセージ。

SEIKAISHA SHINSHO